2412

Christine Kügerl

So lernt mein Kind sich auszudrücken

HERDER spektrum

Band 5719

Das Buch

Von sich selbst erzählen und verstehen, was andere sagen; die eigene Fantasie in Worte fassen und erklären, was man sieht: Das hilft Kindern, in der Schule und im Leben zurechtzukommen. Ausdrucksvermögen und Sprachverständnis lassen sich spielerisch ebenso gut fördern wie bei ganz normalen Alltagsaktivitäten. Praktische Ideen und alle wichtigen Informationen für Eltern. Mit Praxistests und Kontaktadressen.

Die Autorin

Christine Kügerl, Dipl.-Ehe- und Familienberaterin, Dipl.-Elternbildnerin. Sie ist tätig in der Einzelberatung und gibt darüber hinaus Seminare für Eltern und ErzieherInnen. Bei Herder spektrum: Selbstbewusst und rücksichtsvoll. Wie Kinder starke und einfühlsame Persönlichkeiten werden.

Christine Kügerl

So lernt mein Kind sich auszudrücken

Mit Praxistest

HERDER

FREIBURG · BASEL · WIEN

Fotos im Innenteil: A. J. Schmidt, Freiburg
Strichzeichnungen: Heike Friedel
Konzept und Redaktion:
Lektorat Hille & Schäfer, Freiburg

Gedruckt auf umweltfreundlichem,
chlorfrei gebleichtem Papier

Originalausgabe

www.herder.de
Herstellung: fgb · freiburger graphische betriebe 2006
www.fgb.de
Umschlaggestaltung und Konzeption:
R·M·E München / Roland Eschlbeck, Liana Tuchel
Umschlagmotiv: A. J. Schmidt
ISBN-13: 978-3-451- 05719-9
ISBN-10: 3-451-05719-0

Liebe Leserin, lieber Leser,

im vorliegenden Buch werden Sie immer wieder auf die beiden folgenden Symbole stoßen:

Die Glühbirne  findet sich immer dort, wo die wichtigsten Gedanken eines Kapitels noch einmal in Kürze zusammengefasst werden.

Wo die beiden folgenden Symbole   stehen, finden Sie praktische Übungen, Spiele und Ideen, die Sie gemeinsam mit Ihrem Kind – oder auch mit mehreren Kindern – ausprobieren können.

INHALT

LIEBE ELTERN ...

Als Mutter und Vater haben Sie die sprachliche Entwicklung Ihres Kindes von den ersten Lauten bis zum jetzigen Stand begleitet. Nun steht in absehbarer Zeit der Schulbeginn bevor. Ein guter Zeitpunkt, um über eine bewusste Sprachförderung nachzudenken.

Sich verständlich ausdrücken zu können und andere zu verstehen, ist nicht nur für eine erfolgreiche Schullaufbahn notwendig. Diese Fähigkeiten zählen zu den Basiskompetenzen und tragen wesentlich zum Gelingen des Lebens bei. Nehmen Sie sich daher immer wieder Zeit für Gespräche mit Ihrem Kind »zwischen Tür und Angel«, für längere Plauderstündchen und ausführliche Gespräche. Beziehen Sie Ihr Kind immer öfter in Ihre Planungen mit ein, lösen Sie Meinungsverschiedenheiten, indem Sie über diese mit dem Kind diskutieren, und lassen Sie dabei das Spiel und den Humor nicht zu kurz kommen. Mit Anregungen, Tipps und konkreten Vorschlägen zur Sprachförderung möchte ich Sie in diesem Buch unterstützen.

Viel Spaß beim Lesen,
Christine Kügerl

Wie spricht mein Kind?

Mit vier bis fünf Jahren verfügen Kinder bereits über viele sprachliche Fähigkeiten. In der Vorschulzeit werden diese in Bezug auf das Hören, Verstehen und Mitteilen erweitert und gefestigt.

1. KAPITEL

Sina wird von ihrem Vater vom Kindergarten abgeholt. Auf dem Heimweg erzählt sie, was sie am Vormittag alles erlebt hat: »Zuerst habe ich mit Karina ein Puzzle gemacht. Da sind ganz viele Blumen drauf gewesen. Dann haben wir Krach aus der Bauecke gehört. Ich bin mit Karina hingelaufen. Da war in der Mitte ein großer Haufen Bausteine. ›Jetzt ist die tolle Burg hin‹, hat der Pit gerufen. Der ist ziemlich wütend gewesen«, setzt Sina fort.

»Da war heute ja einiges los«, meint Sinas Vater. »Ja, und ein neues Lied haben wir gelernt! Ich glaube, das geht so«, meint sie und beginnt, die Melodie zu summen. »Es geht um einen Frosch«, sagt Sina schließlich. »Ganz kann ich es noch nicht. Aber morgen singen wir es wieder.«

Der Vater geht etwas schneller und fordert Sina auf: »Komm Sina, die Mama wartet schon auf uns!« »Was werden wir zu Hause machen?«, fragt Sina, während sie im leichten Laufschritt wieder an die Seite ihres Vaters kommt.

Soweit diese kurze Alltagszene. Für Sina beginnt in einigen Wochen die Schulzeit. Welche sprachlichen Fähigkeiten können wir bei ihr beobachten?

Sina kann sich verständlich mitteilen. Der Vater kann sie gut verstehen, wenn sie etwas erzählt. Sie hat einen ausreichenden Wortschatz, um formulieren zu können, was sie meint. Auch schwierige Wörter, wie z. B. Blumen, Krach, Burg oder Frosch, kann sie deutlich aussprechen. Sina spricht fließend und in ganzen Sätzen mit mehreren Wörtern, die richtig angeordnet sind. Sie kann die Mehrzahl bilden, z. B. erzählt sie von Blumen. Sie kann über die Vergangenheit und die Zukunft sprechen: »Da sind ganz viele Blumen drauf gewesen« oder »Was werden wir zu Hause machen?«

Was können wir aus Sinas Beschreibung erkennen? Sina hat keine Probleme mit dem Hören. Sie hört den Lärm aus der Bauecke und sie kann Rhythmus und Melodie des Liedes wahrnehmen. Den Vater versteht sie auch dann, wenn er ihr den Rücken zuwendet und sie sein Gesicht nicht sehen kann. Sina kann sich während dieser Wegstrecke auf die Stimme ihres Vaters konzentrieren.

Sina erzählt, was sie gemacht hat (Puzzle) und was sie interessiert (Lied). Sie kann Fragen stellen (»Was werden wir zu Hause machen?«). Sina erkennt auch Wünsche und Gefühle anderer Menschen. Sie nimmt wahr, dass Pit wütend ist und dass der Vater schneller gehen möchte.

Die sprachliche Entwicklung ist altersabhängig. Es kann jedoch auch bei gleichaltrigen Kindern Unterschiede in der Sprachentwicklung geben. Sprachforscher haben festgestellt, dass schon beim bewussten Sprechen des ersten Wortes eine Entwicklungsspanne von neun Monaten auftreten kann. Diese zeitliche Spanne vergrößert sich im Laufe der weiteren sprachlichen Entwicklung. Den ersten »Zwei-Wort-Satz« sprechen Kinder zwischen dem ersten und dritten Geburtstag und ab vier Jahren verfügen Kinder über einen Wortschatz von 250 bis 3000 Wörtern.

Die zeitliche und inhaltliche Spanne der normalen Sprachentwicklung ist also sehr groß und Vergleiche sind nicht förderlich. Wenn Eltern die individuelle Entwicklung ihres Kindes ernst nehmen und es bei der Entfaltung seiner sprachlichen Fähigkeiten hilfreich begleiten, können die Stärken des Kindes gefördert und eventuelle Schwächen rechtzeitig erkannt werden.

WIE SIND DERZEIT DIE SPRACHLICHEN FÄHIGKEITEN MEINES KINDES?

Die Entwicklung der sprachlichen Fähigkeiten ist sehr komplex und benötigt viele Jahre. Mehrere Teilbereiche müssen zusammenwirken, damit ein Kind verstehen und sich selbst gut ausdrücken kann. Damit Sie als Mutter oder Vater Ihr Kind beim Sprechenlernen unterstützen können, werden wir die

Bereiche Hören, Sprachverständnis, Sprachproduktion und Kommunikation genauer betrachten:

- Zum Hören gehören die Funktionen der Ohren, die Leitungsfähigkeit des Hörnervs und die Aktivitäten der Hörrinde im Gehirn.
- Unter Sprachverständnis versteht man die Fähigkeit des Kindes, das Gehörte richtig zu verarbeiten und zu verstehen, z.B. Geräusche von Stimmen unterscheiden, den Inhalt einer Geschichte begreifen zu können usw. Die einzelnen Qualitäten des Sprachverständnisses werden in den Kapiteln 2 und 3 näher beschrieben.
- Unter Sprachproduktion versteht man die Fähigkeit des Kindes, sich aktiv mitzuteilen, also Sprache selbst zu benutzen.
- Zu den kommunikativen Fähigkeiten gehören die Kontaktaufnahme, die Fähigkeit, eigene Bedürfnisse und Gefühle sprachlich auszudrücken und sprachliche Mitteilungen anderer richtig zu verstehen. Verhandlungsstrategien und sprachliche Konfliktregelung zählen ebenfalls zu diesem Bereich der sprachlichen Kompetenzen.

Als Mutter oder Vater wissen Sie am besten Bescheid, wo die sprachlichen Stärken Ihres Kindes liegen und wo es noch der Förderung bedarf. Zur genaueren Einschätzung dieser Fähigkeiten finden Sie in diesem Kapitel einen Praxistest als Orientierungshilfe.

Beobachten Sie Ihr Kind ganz natürlich im Alltag. Es sollte nicht gestresst sein und darf sich nicht kontrolliert oder gar geprüft fühlen. Wählen Sie mehrere unterschiedliche Alltagssituationen.

PRAXISTEST

Wie gut hört Ihr Kind?

1. Hört Ihr Kind zu, wenn ein Erwachsener oder ein Kind etwas sagt?

   ☐ **Häufig** ☐ **manchmal** ☐ **selten**

2. Kann Ihr Kind unterschiedliche Geräusche erkennen? Wenn Sie z. B. bei einem Ausflug in die Natur Ihr Kind auf die unterschiedlichen Geräusche und Vogelstimmen aufmerksam machen, kann es diese dann unterscheiden?

   ☐ **Häufig** ☐ **manchmal** ☐ **selten**

3. Hört Ihr Kind Sie auch dann, wenn es Sie nicht anschaut? Sie sind z. B. in der Küche und rufen dem Kind im Nebenzimmer etwas zu, oder Sie stehen mit dem Rücken zum Kind und erzählen ihm etwas.

   ☐ **Häufig** ☐ **manchmal** ☐ **selten**

4. Hatte Ihr Kind Mittelohrentzündungen?

   ☐ **Häufig** ☐ **manchmal** ☐ **selten**

AUSWERTUNG

Trifft auf die Fragen 1 bis 3 die Antwort »häufig« zu, so können Sie davon ausgehen, dass Ihr Kind gut hört.

Treffen auf die Fragen 1 bis 3 die Antworten »manchmal« bis »selten« zu und hatte Ihr Kind Mittelohrentzündungen, so besprechen Sie dies mit Ihrem Kinderarzt.

Treffen bei den Fragen 1 bis 3 die Antworten »selten« zu, so suchen Sie bitte einen Ohrenfacharzt auf.

Wie gut kann Ihr Kind das Gehörte verstehen?

1. Kann Ihr Kind ähnlich klingende Wörter unterscheiden? Z. B. Nagel – Nadel, Tür – Tier, Kabel – Gabel usw.

☐ **Häufig** ☐ **manchmal** ☐ **selten**

2. Kann Ihr Kind auch bei lauter Umgebung aufmerksam zuhören? Z. B., wenn Sie ihm vorlesen, auch wenn Krach auf der Straße oder Geschwisterlärm vorhanden ist.

☐ Häufig ☐ manchmal ☐ selten

3. Wenn Sie Ihrem Kind drei Aufträge zugleich geben, führt es diese auch aus? Z. B.: Schuhe ausziehen, Jacke an den Haken hängen und dann in die Küche kommen.

☐ Häufig ☐ manchmal ☐ selten

AUSWERTUNG

Wenn auf Ihr Kind bei den Fragen 1 bis 3 »häufig« zutrifft, so können Sie davon ausgehen, dass es das Gehörte richtig verarbeiten und verstehen kann.

Werden die Fragen 1 bis 3 mit »manchmal« oder »selten« beantwortet, so kann ein Konzentrationsproblem oder ein auditives Wahrnehmungsproblem vorliegen.

Wenn Sie die Fragen 1 bis 3 mit »selten« beantworten, sollten Sie dies unbedingt mit Ihrem Kinderarzt besprechen oder anderen fachlichen Rat suchen.

Wie gut kann sich Ihr Kind ausdrücken?

1. Spricht Ihr Kind deutlich, sodass man es gut verstehen kann?

   ☐ **Häufig** ☐ **manchmal** ☐ **selten**

2. Spricht Ihr Kind Sätze, die aus fünf bis acht Wörtern bestehen?

   ☐ **Häufig** ☐ **manchmal** ☐ **selten**

3. Kann Ihr Kind die Wörter eines Satzes richtig anordnen?

   ☐ **Häufig** ☐ **manchmal** ☐ **selten**

4. Stellt Ihr Kind Fragen? Verwendet es die Fragewörter wozu, warum, wofür usw.?

   ☐ **Häufig** ☐ **manchmal** ☐ **selten**

5. Kann Ihr Kind Erlebnisse zeitlich richtig einordnen? Erzählt es z. B. vom vergangenen Ausflug oder der zukünftigen Geburtstagsfeier?

   ☐ **Häufig** **manchmal** ☐ **selten**

AUSWERTUNG

Wenn Sie bei allen Fragen »häufig« ankreuzen können, so ist die sprachliche Ausdrucksfähigkeit Ihres Kindes gut entwickelt.

Wenn auf einige Fragen »manchmal« zutrifft, so sollten Sie auf die sprachliche Förderung Ihres Kindes besonders achten.

Kommen nach dem vierten Geburtstag die Antworten »selten« bei mehreren Fragen vor, so sollten Sie fachlichen Rat einholen.

Wie kann Ihr Kind sich generell mit anderen unterhalten?

1. Spricht Ihr Kind spontan und selbstständig, wenn es etwas sagen oder erzählen möchte?

- ☐ **häufig und bei vielen Menschen**
- ☐ **häufig bei vertrauten Menschen**
- ☐ **manchmal**
- ☐ **selten**

2. Antwortet Ihr Kind, wenn es etwas gefragt wird?

- ☐ **häufig und bei vielen Menschen**
- ☐ **häufig bei vertrauten Menschen**
- ☐ **manchmal**
- ☐ **selten**

3. Teilt Ihr Kind Erlebnisse und Tatsachen mit?

☐ **Häufig** ☐ **manchmal** ☐ **selten** ☐ **nie**

4. Spricht Ihr Kind auch über eigene Vorstellungen, Gedanken und Gefühle?

- ☐ **häufig und bei vielen Menschen**
- ☐ **häufig bei vertrauten Menschen**
- ☐ **manchmal**
- ☐ **selten**

5. Kann Ihr Kind anderen Menschen aufmerksam zuhören, wenn diese etwas erzählen?

- ☐ **ja, häufig**
- ☐ **ab und zu**
- ☐ **es geht meist weg**
- ☐ **es unterbricht die anderen**

6. Kann sich Ihr Kind am Gespräch anderer Kinder beteiligen? Kann es z. B., wenn zwei Freunde über ihr Lieblingsessen sprechen, zuerst zuhören und erwähnt dann das eigene Lieblingsgericht?

☐ **Häufig** ☐ **manchmal** ☐ **selten**

AUSWERTUNG

Wenn Sie bei allen Fragen »häufig« und »häufig bei vielen Menschen« ankreuzen können, so kann sich Ihr Kind auch außerhalb der Familie selbstständig mitteilen.

Trifft auf die Frage 5 ebenfalls »häufig« zu, beherrscht Ihr Kind den Wechsel von »selbst sprechen« und »zuhören«.

Zeigt Ihr Kind bei den Fragen 1, 2, 4 und 6 seine sprachlichen Fähigkeiten nur bei vertrauten Menschen, so kann es sein, dass Ihr Kind einfach eine längere »Aufwärmphase« benötigt, sich danach jedoch aktiv beteiligt. Sind beim ersten und zweiten Praxistest aber ebenfalls Beeinträchtigungen wahrnehmbar, sollten Eltern mit dem Kinderarzt sprechen.

Findet sich bei der Frage 4 die Antwort »selten«, so achten Sie darauf, ob in der Familie über diese Inhalte gesprochen wird.

Wenn die Fragen mit »manchmal« oder »selten« beantwortet werden, überlegen Sie, ob in der Familie genug Zeit für längere Gespräche besteht.

Fazit: Die Entwicklung der sprachlichen Fähigkeiten erfolgt bei Kindern in einem sehr unterschiedlichen Zeitrahmen. Meist verfügen Vier- bis Fünfjährige bereits über eine große sprachliche Kompetenz, die in der Vorschulzeit gefestigt und erweitert wird. Fallen Eltern jedoch Sprachprobleme auf, so sollten sie die noch verbleibende Zeit bis zur Einschulung für eine genaue Abklärung der Hörprobleme, auditiven Wahrnehmungsprobleme oder Sprechschwierigkeiten nutzen.

Sprachfähigkeit als Basis für den Erfolg in der Schule

Wenn Ihr Kind aufmerksam zuhören, Anleitungen gut verstehen und sich verständlich ausdrücken kann, hat es eine gute Basis für den Erfolg in der Schule.

LERNMÖGLICHKEIT SCHULE – EINE HERAUSFORDERUNG

Mit dem Schulbeginn steht Ihrem Kind eine neue Lernwelt offen. Von den Lehrern wird es viel Neues über die Welt erfahren. In der Klassengemeinschaft begegnet es anderen Kindern. Manche werden seine Freunde werden. Es wird sich mit vertrauten, aber auch neuen oder befremdenden Meinungen und Vorstellungen auseinander setzen. Ihr Kind wird sich die faszinierende Welt der Buchstaben und Zahlen erobern und dadurch beim Wissenserwerb immer unabhängiger werden.

Auf Ihr Kind kommen jedoch auch neue Anforderungen zu. Diese betreffen alle Bereiche der sprachlichen Kompetenz.

Anforderungen an das Sprachverständnis

In der Schule wird sehr viel Wissen mit Hilfe der Sprache vermittelt. Es werden Informationen vorgetragen und erklärt, Texte vorgelesen und Geschichten erzählt. Damit Ihr Kind alles verstehen kann, benötigt es ein **gutes Gehör** oder bei Schwerhörigkeit eine gute Hörhilfe. Das Kind muss die Lehrerin hören können, unabhängig davon, wo sich diese im Raum gerade befindet. Es muss den Text bei einem Diktat auch dann verstehen, wenn die Lehrerin z.B. zwei Reihen hinter dem Sitzplatz des Kindes spricht.

Im Klassenraum strömen viele Reize auf das Kind ein. Es sieht den Text an der Tafel, die Gegenstände auf seinem Pult, die Mitschülerinnen und Mitschüler usw. Ebenso hört es viele Laute und Geräusche. Z.B. spricht die Lehrerin vorne an der Tafel, hinter dem Kind schwatzen zwei Mitschüler, am Baum vor dem Fenster zwitschert ein Vogel und dem Sitznachbar fällt gerade der Buntstift zu Boden. Der auditiven Wahrnehmungsfähigkeit kommt somit eine wesentliche Bedeutung zu.

Renate Zimmer beschreibt in ihrem Handbuch der Sinneswahrnehmung die einzelnen Bereiche der **auditiven Wahrnehmung**:

Als Erstes muss das Kind seine Wahrnehmung auf das Hören beschränken. Man spricht von **auditiver Aufmerksamkeit.**
Zusätzlich muss das Kind die vielen akustischen Reize nach Wichtigkeit ordnen. Es wird seine Aufmerksamkeit vorrangig auf die Stimme der Lehrerin lenken und die anderen Geräusche sowie die Stimmen der Mitschüler »überhören«. Das bedeutet, das Kind hat eine **auditive Figur-Grundwahrnehmung**. Die Stimme der Lehrerin ist die »akustische Figur«,

die in diesem Moment in den Vordergrund rückt und am deutlichsten gehört wird. Die anderen »Grundgeräusche« treten in der Wahrnehmung des Kindes in den Hintergrund.

Kinder schreiben das, was sie hören. Kann ein Kind Ähnlichkeiten und Unterschiede zwischen Lauten und Tönen gut erkennen, z. B. den Unterschied zwischen »d« und »t« oder »g« und »k«, so gelingen Schreiben und Lesen leichter. Diese Unterscheidungsfähigkeit wird **auditive Diskrimination** genannt. Kann ein Kind ähnlich klingende Laute nicht oder nur schwer unterscheiden, macht es hier häufiger Fehler.

Mit Hilfe der **auditiven Merkfähigkeit** kann sich das Kind die Reihenfolge der Buchstaben in einem Wort und der Wörter in einem Satz merken und wiedererkennen. Das ist die Voraussetzung für das Lesenlernen.

Und schließlich muss das Kind auch verstehen, *was* die Lehrerin sagt. Es muss den Sinn der gesprochenen Wörter erfassen, um lernen zu können. Fachleute sprechen vom **»Verstehen des Sinnbezuges«**. Wenn Kinder Aufforderungen der Lehrkraft inhaltlich nicht verstehen, können sie die Aufgabe nicht ausführen. Sie registrieren z. B. schwerer, was als Hausaufgabe aufgegeben wird, was bei einem Rechenbeispiel genau zu tun ist usw. Auch um Fragen beantworten zu können, muss das Kind die Frage zuerst verstehen.

Für den Kontakt mit den Mitschülerinnen und Mitschülern ist ebenfalls eine gute auditive Wahrnehmung wichtig. Nur wenn Kinder Mitteilungen und Erzählungen ihrer Mitschüler und Mitschülerinnen verstehen, können sie unbeschwert Kontakte knüpfen, Gesprächen folgen, mitreden und schließlich Freunde finden.

Anforderungen an die Sprachfähigkeit

Das Kind sollte über einen **ausreichenden Wortschatz** verfügen. Nur so kann es das, was die Lehrperson spricht, verstehen. Ausreichend Wörter benötigt es auch, um sich selbst mitzuteilen, Fragen zu stellen und zu beantworten.

Damit das Kind in der Schule verstanden wird, muss seine **Aussprache deutlich** sein. Wenn Kinder gerade die Schneidezähne verloren haben, kommt es häufig zum Lispeln. Die S-Laute werden falsch ausgesprochen. Trägt ein Kind eine Zahnspange, so kann dies ebenfalls zu Veränderungen in der Aussprache führen. Diese Fehler verschwinden wieder, wenn die Schneidezähne nachgewachsen sind bzw. die Zahnspange entfernt wurde. Alle anderen Laute und Silben sollte das Kind zum Schulbeginn richtig sprechen können.

Um sich verständlich mitteilen zu können, muss das Kind **grammatikalische Regeln** beherrschen. Es sollte Fünf- bis Acht-Wort-Sätze bilden können. Die Wortstellung im Satz muss richtig sein. Es sollte Haupt- und Nebensätze sowie die Mehrzahl bilden können. Um von Erlebnissen berichten und etwas planen zu können, benötigt es die Zeitformen Vergangenheit und Zukunft. Schließlich ist es auf eine korrekte Ausdrucksweise beim Schreiben von Aufsätzen angewiesen.

Es ist sehr hilfreich, wenn das Kind entspannt und **fließend sprechen kann**. Poltern – wie das hastige Sprechen auch genannt wird – und Stottern beeinträchtigen die sprachliche Ausdrucksfähigkeit des Kindes und führen oft zu Vermeidungsverhalten und weiteren Problemen.

Anforderungen an die kommunikativen Fähigkeiten

In der Schule lernt Ihr Kind in einer Gruppe. Es hält sich in einer Klassengemeinschaft auf, in die es hineinwachsen soll. Gemeinsames Lernen hat viele Vorteile, erfordert jedoch auch bestimmte Fähigkeiten. Ihr Kind muss erfassen können, wie es z. B. anderen Kindern geht, was diese interessiert oder was die Lehrerin gerade vorhat.

Es muss sich **in der Gruppe angesprochen fühlen**, wenn die Lehrerin z. B. sagt: »Nehmt bitte das Lesebuch heraus.« Es sollte keine »Extraeinladung« benötigen. Es muss sich auch in der Gruppe melden und mitteilen können, z. B., wenn eine Frage gestellt wird und es die Antwort weiß.

Es sollte seine **Bedürfnisse in Worte** fassen und sagen können, wenn es auf die Toilette muss oder wenn die Tafel gewischt werden soll und es mit dem Abschreiben noch nicht ganz fertig ist.

Es ist wichtig, dass das Kind **Gefühle** und Befindlichkeiten **mit Worten ausdrücken** kann, z. B. »Das ist mein Rotstift. Gib ihn mir wieder!«, statt den Stift dem anderen Kind einfach aus der Hand zu reißen oder es aus Ärger zu schubsen.

Bei unterschiedlichen Meinungen sollte das Kind einfache **Verhandlungsstrategien** beherrschen. Für schulische Gruppen- und Projektarbeiten sind diese Fähigkeiten ebenfalls wichtig.

Bei Streitereien sollte das Kind auf körperliche Auseinandersetzungen verzichten und **Konfliktlösungs-**

möglichkeiten, wie z. B. einen Kompromiss, finden können.

Schließlich ist es von Vorteil, wenn dem Kind **sprachliche Höflichkeitsformen** wie grüßen, fragen, bevor man etwas nimmt, sich bedanken, sich bei einem Missgeschick entschuldigen usw. vertraut sind.

Fazit: Zum Schulbeginn sollte Ihr Kind aufmerksam zuhören können. Es sollte das Gehörte inhaltlich verstehen und sich selbst verständlich mitteilen können. Dazu benötigt es einen ausreichenden Wortschatz, Kenntnis über Grundregeln der Grammatik und kommunikative Fähigkeiten. So kann es das Lernangebot der Schule erfolgreich nutzen und seinen Platz in der Klassengemeinschaft finden.

Sprachentwicklung – was Sie wissen sollten

Verstehen und Sprechen sind sehr komplexe Vorgänge. Die Sinnesorgane, die Sprachzentren im Gehirn, Stimme und Sprechmuskulatur leisten dabei eine enorme Kombinationsarbeit.

VERSTEHEN UND SPRECHEN

Beim Verstehen und Sprechen sind mehrere Bereiche im Gehirn aktiv. Der Vorgang vom Hören einer Frage bis zur passenden Antwort besteht aus mehreren Schritten, die exakt aufeinander abgestimmt sein müssen.

Markus sitzt mit seiner jüngeren Schwester **Lena** am Tisch. Draußen hört man die Autos fahren. Aus dem Bad dringt das Schleudergeräusch der Waschmaschine und die Mutter stellt Spaghetti mit Tomatensauce auf den Tisch. Sie nimmt den Teller von Markus und fragt: »Wie viele Spaghetti möchtest du?« Sofort ruft Lena: »Ganz viele!« Die Mutter bleibt mit ihrer Aufmerksamkeit bei Markus, bis dieser schließlich antwortet: »Drei Löffel bitte, aber mit viel Sauce.«

Was hat sich während dieser Zeit im Kopf von Markus abgespielt?

Erster Schritt: Sinneseindrücke aufnehmen

Alle Außengeräusche gelangen an Markus' Ohren. Am Ende des Gehörgangs bringen sie das Trommelfell in Schwingung. Dieses überträgt die Schwingungen auf die Gehörknöchelchen im Mittelohr und diese leiten sie weiter an die Flüssigkeit des Innenohrs. Dadurch geraten die Sinneszellen im Innenohr in Schwingung. Diese Zellen wandeln die Schwingungen in elektrische Impulse um, die nun durch den Hörnerv ins Gehirn geleitet werden.

Das Auge übermittelt alle Lichtreize durch den Sehnerv an das Sehzentrum im Gehirn. Die Sinneszellen des Magens übermitteln den Füllungszustand und die Muskelspannung an den Hirnstamm.

Zweiter Schritt: Sortieren und verstehen

In den entsprechenden Gehirnregionen werden die eingehenden Impulse sortiert, verarbeitet und weitergeleitet.

Für das Sprechen leisten die zwei Sprachzentren, das **Sprachverständniszentrum** (Wernicke'sches Sprachzentrum) und das **Sprachproduktionszentrum** (Broca'sches Sprachzentrum) die Hauptarbeit. Beide Zentren befinden sich im Schläfenlappen des Gehirns, und zwar immer in der Gehirnhälfte, in der auch die Bewegungsdominanz liegt. Bei Rechtshändern ist das die linke Gehirnhälfte, bei Linkshändern die rechte.

Sehen wir uns nun die beschriebene Szene näher an: Im Sprachverständniszentrum werden die Stimmen von Mutter und Schwester erkannt (auditive Merkfähigkeit) und die einzelnen Laute genau unterschieden (auditive Diskrimination). Die Aussage von Lena wird vernachlässigt (auditive Figur-Grundwahrnehmung), während die Frage der Mutter verstärkt beachtet wird (auditive Aufmerksamkeit). Die einzelnen Wörter und schließlich der ganze Satz der Mutter werden als Frage verstanden (Verstehen des Sinnbezuges). Die übrigen Geräusche werden in einem anderen Bereich des Gehirns bearbeitet und als derzeit unwichtig bewertet.

In den anderen sensorischen Gehirnbereichen geschieht derselbe Vorgang wie im Sprachverständniszentrum. Die Spaghetti mit Tomatensauce werden bewusst registriert. Der Hirnstamm an der Schädelbasis meldet ein Hungergefühl.

Dritter Schritt: Kombinieren

Die einzelnen Gehirnzentren leiten als »wichtig« registrierte Impulse an andere Zentren weiter. Sie verständigen sich gegenseitig. Schließlich wird noch entschieden, die Äußerung der Schwester zu ignorieren und die soziale Regel der Familie, dass man »bitte« sagt, abzurufen.

Jede Nervenzelle in unserem Gehirn kann bis zu 10 000 Verbindungen mit anderen Nervenzellen herstellen. Nur durch diese Fähigkeit können so komplizierte Vorgänge wie Verstehen und Sprechen gelingen.

Vierter Schritt: Bewusstes Denken

In Markus' Gehirn werden nun aus den vielen Eindrücken und Impulsen konkrete Gedanken gebildet.

»Ich habe Hunger. Spaghetti mit Tomatensauce mag ich. Mama will wissen, wie viel ich auf meinen Teller möchte. Wir sagen bitte, wenn wir etwas wollen.«

Fünfter Schritt: Gedanken aussprechen

Das Sprachverständniszentrum steht mit der motorischen Sprachregion, auch Sprachproduktionszentrum genannt, in Verbindung. Hier werden Silben gebildet, zu Wörtern und schließlich zum ganzen Satz zusammengebaut. Das Bewegungszentrum wird eingeschaltet und mit Hilfe von Nervenimpulsen werden nun die zuständigen Atemmuskeln, die Stimmritze im Kehlkopf und die gesamte Sprechmuskulatur so aktiviert, dass Markus den Satz: »Drei Löffel bitte, aber mit viel Sauce«, sprechen kann.

In der Realität hat diese kurze Szene eine knappe Minute gedauert. Das Gehirn hat in dieser Zeit jedoch eine hochkomplexe Leistung vollbracht, an der das Ohr, mehrere Sinneszentren, das Sprachverständnis- und das Sprachproduktionszentrum sowie weitere Gehirnzentren beteiligt waren.

Wie lernt man »richtig« zu sprechen?

Das Kind hört Wörter und Sätze in seiner Umgebung und beginnt diese nachzusprechen. Wenn es z. B. das Wort »drei« sagt, werden in seinem Gehirn die Bewe-

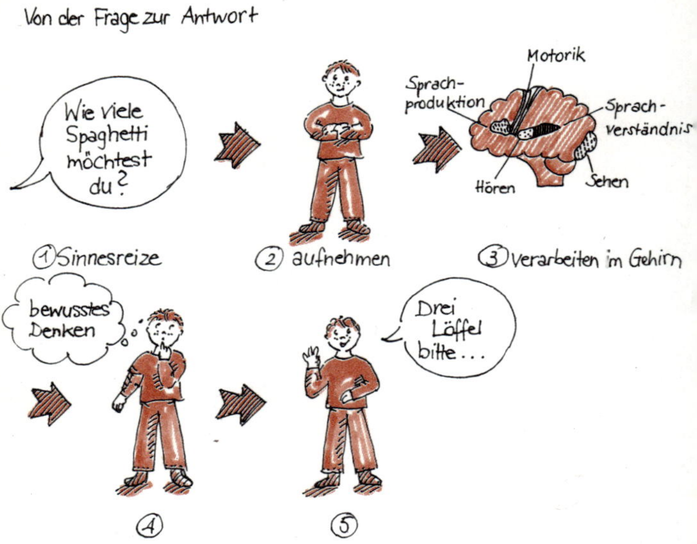

gungsabläufe der Sprachmuskulatur für dieses Wort gespeichert. Gleichzeitig wird im Sprachverständniszentrum überprüft, ob das selbst gesprochene Wort »drei« mit dem Wort, welches das Kind z. B. von Mama hört, übereinstimmt. Klingt das Wort »drei« bei Mama und beim Kind gleich, so wird der zwischengespeicherte Bewegungsablauf als richtig fixiert.

Hat das Kind hingegen noch Mühe und spricht »grei«, so wird der Lernvorgang fortgesetzt. Im Sprachverständniszentrum wird der Unterschied von »drei« und »grei« registriert. Das Gehirn versucht, die Sprechmuskeln des Kindes so zu aktivieren, dass ein »drei« möglich wird. Erst dann wird der passende Bewegungsablauf endgültig gespeichert.

Daher ist es wichtig, dass viel und richtig mit Kindern gesprochen wird. Falsch gesprochene Wörter dürfen nicht falsch nachgesprochen werden. Das Kind soll immer wieder die richtige Aussprache hören.

Der Sprachbaum

Das komplexe Geschehen von Verstehen und Sprechen vergleicht Prof. Dr. Wolfgang Wendlandt mit einem Baum. Ich möchte dieses Bild hier aufgreifen, da es sehr anschaulich das Zusammenspiel aller Bereiche zeigt.

Die Wurzeln unseres Sprachbaums

Eine Wurzel ist die **Anatomie** von Mund und Kehlkopf. Die Form der Kieferknochen, die Zunge, die Mundmuskulatur, die Stellung der Zähne und der Kehlkopf beeinflussen die Lautbildung und somit die Aussprache. Die **Atmung** ist eine weitere Wurzel. Mit dem Ausatmen wird im Kehlkopf ein Grundton erzeugt, aus dem die unterschiedlichen Laute und Wörter gebildet werden können. Dazu ist die Wurzel **Bewegung** notwendig. Die Stellung und der Spannungszustand von Zunge, Lippen, Wangen- und Kiefermuskulatur müssen beim Sprechen sehr rasch verändert werden. Es besteht ein Zusammenhang zwischen der Feinmotorik, z. B. der Fingergeschicklichkeit, und der Mundmotorik.

Um sprechen lernen zu können, werden auch **kognitive Fähigkeiten** benötigt. So kann das Kind in der Fülle der Wörter, die es von Anfang an hört, eine Ordnung erkennen. Zuerst erkennt und benennt es die wichtigsten Hauptwörter und so genannte »Überschriften«. »Nana« bedeutet z. B. »Ich will eine Banane haben.« Schließlich kommen die Tätigkeitswörter hinzu, das Kind kann Zwei-Wort-Sätze bilden und erlernt die Grammatikregeln. Das **Gehör** ist eine weitere Wurzel. Nur wenn das Ohr und die dazugehörigen Nervenbahnen gut funktionieren, können wir Sprache hören und eigene sprachliche Fähigkeiten entwickeln. **Auch Sehen und Spüren** sind Wurzeln des Sprachbaums. Kinder nehmen immer wieder Dinge in die Hand. Sie müssen diese zunächst *begreifen*, um sie dann auch benennen zu können. Die **senso-motorische Integration** – das Kombinieren von mehreren Sinneseindrücken mit der Bewegungsmöglichkeit – ist eine Verbindungswurzel. Sie führt die unterschiedlichen Sinneseindrücke zusammen, damit diese gemeinsam verarbeitet werden können. Auch das **Temperament** des Kindes ist eine wichtige Wurzel. Ob ein Kind ruhiger oder lebhafter, ausdauernd oder flexibel ist, wirkt sich auf die Art und Weise von Sprechen und Zuhören und die gesamte Kommunikation aus. Die

Doppelwurzel der **sozialen und emotionalen Fähigkeiten** ist die Basis für eine gute Kommunikation.

Der Stamm des Sprachbaums – die Sprechfreude

Die Freude am Hören und das Experimentieren mit Sprache sind von Geburt an zu beobachten. Jedes Kind möchte sich mitteilen und es will Antworten und Anregungen zum Sprechen bekommen.

Die Baumkrone des Sprachbaums

Diese wird von drei Hauptästen gebildet. Ein Ast ist das **Sprachverständnis** (s. Kap. 1). Dafür ist das Sprachverständniszentrum im Gehirn zuständig. Mit Hilfe dieser Gehirnregion können wir ähnlich klingende Laute unterscheiden, momentan wichtige Stimmen von nebensächlichen Geräuschen trennen und uns auf das Wesentliche konzentrieren. Hier erfassen wir den Sinn von Informationen.

Die **Sprachfähigkeit** ist der zweite Ast, der viele Zweige besitzt. Kinder verfügen über einen Wortschatz, den sie ständig erweitern. Sie können zum Schulbeginn meist alle Laute richtig aussprechen und beherrschen die Grammatikregeln.

Der Ast der **Kommunikationsfähigkeit** umfasst die Fähigkeit, einzelne Kinder und Erwachsene anzusprechen, sich an Gruppengesprächen zu beteiligen, aktiv zuzuhören und über Sachliches und Gefühle sprechen zu können. Auch die Verhandlungsfähigkeit und Konfliktlösungsmöglichkeiten sind Zweige dieses Astes.

Damit ein Baum wachsen und Früchte ausbilden kann, benötigt er die **Blätter**. Diese sind die Arbeitsstätten, in denen aus Kohlendioxid und Wasser Zucker gebildet wird – die Nahrung für den Baum. In unserem Sprachbaum stellen die Blätter die Übungsmöglichkeiten dar, mit deren Hilfe ein Kind seine sprachlichen Fähigkeiten entwickeln und erweitern kann (s. Kap. 4).

Die **Früchte** sind die Ergebnisse der Sprachentwicklung. Dazu zählt, sich verständlich mitteilen zu können, Kontakte zu knüpfen, lesen und schreiben zu lernen, sich Wissen anzueignen, dichten, singen, Theater spielen, telefonieren zu können usw.

SPRACHFÖRDERUNG BEI JUNGEN

Beim Sprechen müssen viele Gehirnbereiche zusammenarbeiten. Damit dies möglich ist, sind beide Gehirnhälften durch eine »Nervenbrücke« miteinander verbunden. Unzählige Nervenbahnen verlaufen durch diese Brücke und vernetzen Gehirnbereiche der rechten Gehirnhälfte mit denen der linken. Diese Brücke ist nun bei Jungen etwas schmaler als bei Mädchen. Jungen verfügen daher über weniger »Verbindungskabel«.

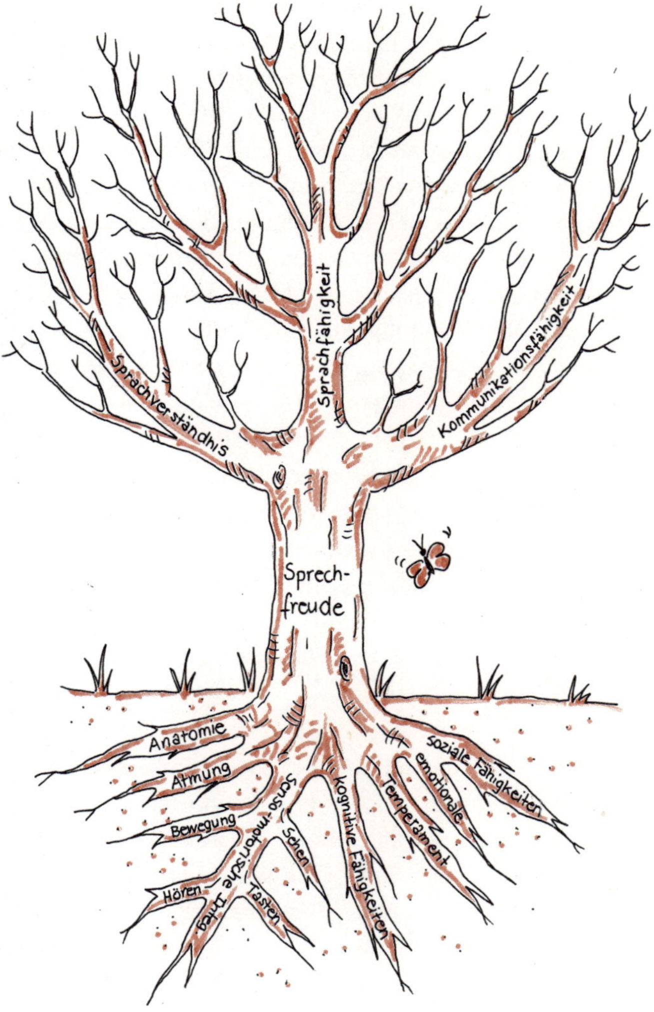
Sprachfähigkeit
Sprachverständnis
Kommunikationsfähigkeit
Sprech-
freude
Anatomie
Atmung
Bewegung
Hören
Sensomotorische Integ
Sehen
Tasten
kognitive Fähigkeiten
Temperament
emotionale
soziale Fähigkeiten

Wissenschaftler erklären damit die Tatsache, dass Jungen häufig später zu sprechen beginnen, länger die Körpersprache gebrauchen, sich beim Benennen von Gefühlen schwer tun und oft mit dem Erlernen von Sprache(n) Probleme haben. Diese Tatsachen sollten aber nicht als unabänderliches Schicksal hingenommen werden. Denn der Unterschied zwischen sprachlich sehr kompetenten und sprachlich ungeschickten Jungen ist größer als der Unterschied zwischen Mädchen und Jungen. Fördermaßnahmen haben daher einen großen Einfluss darauf, wie sich die sprachliche Kompetenz von Jungen entfaltet.

Fazit: Schon als Neugeborene verfügen Kinder über grundlegende sprachliche Fähigkeiten. Damit Verstehen und Sprechen gelingen, arbeiten viele Zentren im Gehirn zusammen. Eine besondere Bedeutung kommt dem Hören, dem Sprachverständniszentrum und dem Sprachproduktionszentrum zu.

Das richtige Sprechen wird durch einen Regelkreis von »Merken der Sprachbewegung« und »Vergleichen« von gesprochenem und gehörtem Wort erlernt. Die Komplexität von Sprache kann mit einem Baum verglichen werden. Jungen tun sich beim Sprechenlernen manchmal schwerer als Mädchen.

Wie lässt sich die Sprachentwicklung fördern? Praktische Ideen und Spiele

Damit Verstehen und Sprechen gelingen, müssen Kinder mehrere Fähigkeiten kombinieren. Mit einer ganzheitlichen Sprachförderung können Eltern ihr Kind dabei hilfreich unterstützen.

FAKTOREN EINER GANZHEITLICHEN SPRACHFÖRDERUNG

Wenn Sie als Mutter oder Vater die sprachlichen Fähigkeiten Ihres Kindes fördern möchten, so gelingt dies am besten, wenn Sie alle Faktoren, die beim Sprechen und Verstehen mitwirken, im Auge behalten. Auch das Bild vom Sprachbaum ist bei einer ganzheitlichen Sprachförderung hilfreich: Damit ein Baum gut gedeihen kann, benötigt er das richtige Klima. Welches Sprachklima fördert die Entfaltung der sprachlichen Fähigkeiten?

»Klimatische Bedingungen« für die Sprachentwicklung

Geborgenheit und Sicherheit sind notwendige Voraussetzungen für erfolgreiches Lernen. Zeigen Sie Ihrem Kind daher immer, dass Sie es lieben, so wie es ist, egal, ob aufgeweckt und kontaktfreudig oder ruhig und etwas langsamer.

Zeit haben und sich Zeit nehmen ist ein besonderer »klimatischer Faktor«. Die Schritte der Sprachentwicklung erfolgen bei allen Kindern in derselben Reihenfolge, jedoch in einem unterschiedlichen Zeitrahmen.

Beobachten Sie die Sprachentwicklung Ihres Kindes, aber drängen Sie es nicht. Egal, in welchem sprachlichen Entwicklungsstadium Ihr Kind sich gerade befindet, Sie sollten sich immer wieder Zeit zum unbeschwerten Plaudern, zum Zuhören und zum Geschichten erzählen nehmen. Erzählen Sie Ihrem Kind auch von Ihrem eigenen Alltag. Was haben Sie z. B. an Ihrem Arbeitsplatz gemacht oder zu Hause? Was interessiert Sie und was planen Sie für die nächste Zeit?

Jedes Kind benötigt **Anerkennung** für seine sprachlichen Bemühungen. Kinder erzählen subjektive »Erlebnisberichte« und meist keine reinen »Tatsachen«. Nehmen Sie diese Berichte ernst. Ihr Kind hat es wirklich so erlebt und möchte verstanden werden. Zeigen Sie mit kurzen Äußerungen wie »mmh«, »ach so«, »aah« oder »ach, so war das« usw., dass Sie aufmerksam zuhören, was es sagt. Fassen Sie das Erzählte nach einigen Sätzen kurz zusammen. Sie sagen z. B.: »Das war bestimmt schön für dich« oder »Da fandest du den Klaus echt gemein«. So vermitteln Sie Ihrem Kind Verständnis und es wird weitererzählen.

Etwas später können Sie ihm jedoch zeigen, wie es *seine* Wahrnehmung darlegt. Es könnte ja z. B. sein, dass der Klaus aus einem bestimmten Grund »gemein« war. Mit einer Frage, wie z. B.: »Und was war, bevor der Klaus deinen Turm umgeworfen hat?« erfahren Sie vermutlich mehr. Erst wenn das Kind fertig erzählt hat, sollten Ratschläge überlegt werden.

Gute **sprachliche Vorbilder** erzeugen ebenfalls ein entwicklungsförderndes Sprachklima. Sprechen Sie in ganzen Sätzen und achten Sie selbst auf einen reichen Wortschatz. Begleiten Sie Ihre eigenen Tätigkeiten mit Sprache. Wenn Sie z. B. als Vater mit Ihrem Kind den Radausflug vorbereiten, können Sie laut mitsprechen, was Sie tun: »Als Erstes sehen wir nach, ob genug Luft in den Reifen ist.« So oder ähnlich können Sie beginnen. Vermutlich wird Ihr Kind sich rasch an dem Gespräch beteiligen.

Wenn Erwachsene ihr eigenes Verhalten sprachlich begleiten, hat das Kind die Möglichkeit, viele Wörter und Grammatikregeln in Verbindung mit konkretem Tun zu lernen und ganz selbstverständlich einzuüben.

Ebenso wichtig sind **verstehende Rückmeldungen**, wenn das Kind Sprechfehler macht. Kinder lernen durch Experimente, sie »spielen« mit Lauten und Wörtern. So entstehen oft eigenartige Wortschöpfungen und eben auch »Fehler«. Das Kind sagt z. B.: »Ich denkte« oder »viele Mause«. Oft lacht das Kind über seine »Wortfehler«. Daran können Eltern erkennen, dass es bereits bemerkt, was richtig und was falsch klingt.

Wenn das Kind ein Wort falsch ausspricht, sollten Sie im Gesprächsverlauf dieses Wort nochmals richtig verwenden. So fühlt sich das Kind verstanden und hört gleichzeitig die richtige Aussprache und den korrekten Satzbau, ohne dass es sich direkt korrigiert fühlt.

Diese verstehende und richtige Rückmeldung benötigen Kinder, damit sie selbst Gesprochenes immer wieder mit der Umgebungssprache vergleichen können. Klingen das Gesagte und das Gehörte mehrere Male gleich, so wird es schließlich als »richtig« im Gehirn gespeichert. Geben Eltern keine Rückmeldung, kann das Kind seine Sprechfehler nicht korrigieren. Zwingen Sie Ihr Kind jedoch nie zum Nachsprechen, lachen Sie es nie aus und schimpfen Sie nicht, wenn es beim Sprechen Fehler macht!

SPIELE UND ÜBUNGEN ZUR FÖRDERUNG DER SPRACHENTWICKLUNG

Beim Sprechen handelt es sich um eine **Alltagskompetenz**, die am besten im täglichen Miteinander erworben wird. Zusätzlich können Sie in manchen Situationen bewusst auf die Sprachförderung Ihres Kindes achten oder Spiele anbieten. Dabei sollten Spaß und Freiwilligkeit im Vordergrund stehen! Wenn Kinder sich zu etwas Bestimmtem gedrängt fühlen, beeinträchtigt das ihre Freude am Sprechen.

So fördern Sie die Wurzeln des Sprachbaums

Übungen für die Kiefer- und Mundmuskulatur

Bei der Zusammenstellung der Mahlzeiten können Sie gleichzeitig auf das Training der Kiefer- und Mundbewegungen achten. Weiche und breiige Speisen bieten da nicht viel Herausforderung. Bei Fleisch, Salat, Brot und rohem Obst hat Ihr Kind durch gründliches Kauen Gelegenheit, seine Mundmuskulatur zu kräftigen.

Lassen Sie Ihr Kind so bald wie möglich das Essen selbst mit Messer und Gabel zerkleinern. Die Kombination von Feinmotorik und Mundmotorik stellt eine zusätzliche Förderung dar.

Grimassen schneiden: Kind und Eltern machen die unterschiedlichsten Grimassen. Wer kann den Mund so breit machen wie ein Breitmaulfrosch? Wer kann die Stirn runzeln wie ein zorniger Riese? Wer kann die Oberlippe hinter der Unterlippe verstecken und umgekehrt? Wer kommt mit der Oberlippe zur Nasenspitze? Wer kann die Wangentaschen ganz weit einziehen? Erweitern Sie diese Möglichkeiten mit Zungezeigen, mit der Zunge schnalzen usw. Vielleicht gibt es in Ihrer Familie sogar jemanden, der mit den Ohren wackeln kann.

Drachenessen: Drachen haben bekanntlich eine lange und kräftige Zunge, mit der sie leckere Dinge gut erwischen und auffressen können. Geben Sie Schokostreusel, Sesam- und Sonnenblumenkörner oder Mandelblättchen auf einen flachen Teller, Ihr Kind darf alles mit der Zungenspitze aufnehmen und dann verspeisen. Achten Sie darauf, dass es wirklich die Zungenspitze benutzt und nicht den Teller mit der ganzen Zunge abschleckt.

Watte blasen: Sie sitzen Ihrem Kind am Küchentisch gegenüber. Die Arme liegen auf den Oberschenkeln, nicht auf der Tischplatte. Eine Stopp- oder Eieruhr wird auf zwei Minuten eingestellt und in die Mitte des Tisches ein Wattebausch gelegt. Bei »Los« beginnen beide Spieler zu blasen. Wenn der Wattebausch auf der Seite des Gegners vom Tisch hinunterfällt, so zählt das als »Tor«. Fällt der Wattebausch auf den beiden freien Tischseiten hinunter, so zählt dies nicht. Wer beim Läuten der Eieruhr die meisten »Tore« geblasen hat, hat gewonnen.

Übungen zur Förderung der Bewegung

Es besteht ein Zusammenhang zwischen der Geschicklichkeit von Händen, Fingern und Zehen, und der »Sprachgeschicklichkeit«.

Werken: Das Hantieren mit unterschiedlichen Materialien beim Werken fördert den Tastsinn und die Feinmotorik. Mit Schere, Papier und Pappe kann Ihr Kind die ersten kleinen Kunstwerke machen. Sie werden feststellen, dass Ihr Kind bei konzentrierter Beschäftigung mit den Fingern auch Bewegungen mit dem Kiefer macht.

Zehenspiele: Legen Sie eine Decke auf den Boden. In die Mitte wird eine flache Schale oder der Deckel eines Schuhkartons gelegt. Die Erwachsenen und die Kinder stellen sich barfuß um diese Mitte. Jeder Teilnehmer bekommt nun fünf kleine Dinge (Korken, große Knöpfe, Murmeln, runde Steine o. Ä.) vor die Füße gelegt. Alle versuchen, mit den Zehen die Gegenstände in die Schale zu transportieren.

Balancieren ist ebenso wichtig. Auf Spielplätzen und Gehwegen findet man viele Gelegenheiten zum Balancieren. Sie können jedoch auch in der Wohnung eine dicke Schnur auf den Boden legen oder Sie kleben eine Linie (gerade und später geschwungen) mit einem Abdeckband auf den Boden. Auf dieser Linie kann das Kind vor- und rückwärts gehen, auf beiden Beinen und später auf einem Bein hüpfen.

Autodrom fahren: Legen Sie ein großes Blatt Papier auf den Tisch oder den Boden. Das ist die Fahrfläche, auf der die Spielzeugautos Autodrom fahren dürfen. Spielen Sie selbst mit und fahren Sie mit einem kleinen Auto kreuz und quer. Machen Sie immer wieder Wendungen. Ihr Kind fährt ebenfalls mit einem kleinen Spielzeugauto. Wie weit kann man bis zum Rand fahren, ohne dass der Körper sich mitneigen muss? Kann man geschickt ausweichen oder stößt man oft zusammen? Nach einer Weile wird die Hand gewechselt. Vielleicht kann man sogar mit zwei Autos zugleich fahren.

Kasperhüpfen: Sie und Ihr Kind stehen einander gegenüber. Sie spielen den Kasper, dem die Kinder alles nachmachen. (Sie können sich auch in ein anderes Wesen verwandeln). Nun machen Sie folgende Bewegungen vor: Mit den gestreckten Armen die Hände über dem Kopf zusammenklatschen, mit den Beinen in die Grätsche springen, danach werden die Beine wieder geschlossen und gleichzeitig die Arme gesenkt, dann mit den Händen auf die Außenseite der Oberschenkel klopfen. Diese Bewegung wird mehrmals wiederholt.

Nun berühren Sie mit dem rechten Ellenbogen das linke Knie, danach mit dem linken Ellenbogen das rechte Knie, mit der rechten Hand hinten die linke Ferse und dann mit der linken Hand die rechte Ferse. Sie können noch weitere »Überkreuzbewegungen«

anschließen und auch andere Bewegungen einbauen. Zum Schluss darf Ihr Kind die »Kasper-Rolle« übernehmen und Sie machen ihm alles nach.

Übungen zur Förderung des aufmerksamen Hörens

Die Fähigkeit, aufmerksam zu hören, das Gehörte unterscheiden und sich merken zu können, ist eine wichtige Voraussetzung für das Sprechen.

Lauschspione: Wählen Sie gemeinsam mit Ihrem Kind das Gebiet, in dem Sie spionieren möchten. Es kann die eigene Wohnung, der Spielplatz im Hof, der Park, das Schwimmbad, ein Rastplatz im Wald oder die Bushaltestelle sein, an der Sie gerade warten müssen. Setzen Sie sich hin – in manchen Situationen können Sie sich auch hinlegen – und schließen Sie die Augen.

Nun versuchen Sie und Ihr Kind, »mit den Ohren zu spionieren«. Was kann man hören? Was man gerade hört, wird ausgesprochen. Achten Sie dabei auf eine detaillierte Beschreibung, z. B.: »Ich höre das Quietschen der Straßenbahn«, »Da raschelt jemand mit einer Plastiktüte«, »Ich höre das Summen einer Biene oder Wespe«.

Auf diese Weise können Sie die Eigenschaften von Geräuschen immer stärker differenzieren. Beispielsweise kann der Wind blasen oder stürmisch brausen und manchmal säuselt ein Lüftchen. Auch Autos machen sehr unterschiedliche Geräusche, sie knattern, brummen, quietschen usw. Natürlich darf man immer wieder die Augen öffnen, um nachzusehen, ob man »richtig spioniert« hat.

Wenn Sie nach einem »Lauschausflug« nach Hause kommen, kann Ihr Kind sein auditives Gedächtnis trainieren, indem es anderen Familienmitgliedern vom Gehörten erzählt.

Übungen für den Tastsinn

Be-greifen, hören und sprechen gehören zusammen. Daher ist es besonders wichtig, dass Ihr Kind viel anfassen – begreifen – und ausprobieren kann.

Was ist auf meinem Rücken? Mutter oder Vater zeichnen mit dem Finger auf den Rücken des Kindes, z. B. einen Stern, einen Kreis, ein Dreieck, einen Punkt, einen Strich usw. Das Kind muss die Zeichnung erraten. Auch bei diesem Spiel dürfen die Rollen getauscht werden.

Wie viele Krähen sitzen? Ein Spieler legt beliebig viele Finger einer Hand auf den Kopf des anderen und fragt: »Wie viele Krähen sitzen?« Der andere muss nun erraten, wie viele Fingerspitzen sich auf seinem Kopf befinden. Errät er die Zahl, hat er gewonnen. Rät er falsch, so darf der andere Spieler die Haare etwas zerzausen. Dann wird gewechselt.

Förderung der senso-motorischen Integration

Luftballonspiele bieten die Möglichkeit, die Koordination von Sehen, Raumorientierung und Bewegung zu trainieren und machen dabei viel Spaß.

Der Luftballon will fliegen: Blasen Sie gemeinsam Luftballons auf. Dabei werden bereits Atmung und Mundmuskulatur gestärkt. Dann wird ein Luftballon hochgeworfen und alle bemühen sich, den Luftballon oben zu halten.

Seifenblasen fangen: Beim Pusten von Seifenblasen werden wiederum die Mundmuskulatur gestärkt und die Atmung vertieft. Die Seifenblasen können dann auf unterschiedliche Art gefangen werden: einfach mit beiden Händen, nur mit einer Hand, mit Kunststofflöffeln … Oder versuchen Sie es einmal mit den glitzernden Dekorstäbchen, die man häufig mit Eisbechern im Café erhält.

Bei Fingerspielen ergibt sich eine gute Kombination von Hören, Sehen, Spüren (Tastsinn), Bewegung und Sprechen.

Frühlingsgedicht

Aus der Erde sprießt das Gras.
Die Finger beider Hände ahmen das wachsende Gras nach.

Der Regen macht es pitschenass.
Die Finger beider Hände machen die Regentropfen nach.

Kommt der helle Sonnenschein,
Eine Hand mit gespreizten Fingern macht die aufgehende Sonne nach.

lockt hervor ein Blümelein.
Die zweite Hand bildet mit den Fingern eine geschlossene Knospe.

Klax, da springt die Knospe auf,
Die Finger der Knospenhand öffnen sich leicht.

setzt ein Schmetterling sich drauf.
Die Hand, welche die Sonne gespielt hat, wird nun zu einem schwebenden Schmetterling, der sich schließlich auf die Blume setzt.

Beide wiegen sich im Wind,
Beide Hände wiegen sich.

Schmetterling fliegt fort geschwind.
Die Schmetterlingshand fliegt wieder weg.

Nun ist das Blümelein wieder allein und schläft müde ein.
Die Finger der Blumenhand schließen sich wieder.

Beim gemeinsamen Sprechen kann man auf die Zeichnungen zeigen und das Kind spricht das Wort alleine aus.

Den Stamm des Sprachbaums fördern

So erhalten Sie die Sprechfreude Ihres Kindes

Die meisten Kinder reden gerne und viel. Diese Sprechfreude können Sie am besten erhalten, wenn Sie Ihrem Kind möglichst oft zuhören, wenn es Ihnen etwas spontan erzählen möchte. Auch Spiele können die Sprechfreude fördern.

Wolkengeschichten: Legen Sie sich gemeinsam mit Ihrem Kind auf eine Wiese und beobachten Sie die Wolken. Was ist in den einzelnen Wolken versteckt? Welches Fantasiegebilde, welches Tier usw. können Sie in den Wolken entdecken? Was haben diese Wesen heute schon erlebt und in was verwandeln sie sich?

Wir spielen Oper: Machen Sie aus einer Alltagsszene wie Tischdecken oder -abräumen, Einkäufe versorgen, Wohnungsputz oder Wäsche sortieren eine Oper und singen Sie gemeinsam. Es darf auch eine Rockoper sein!

Dieses Spiel könnte auch als Schauplatzreportage gespielt werden: Ihr Kind kommentiert die gesamte Szene mit Hilfe eines Mikrofons.

Zeichenspiel: Schau, das wird ein kleiner Hase *(ovaler Kreis)*. Schnell zeichnen wir ihm eine Nase *(rundes Näschen in den Kreis zeichnen)*. Dann zwei Ohren lang und weich *(Ohren auf das Oval zeichnen)*. Auch die Augen kommen gleich *(Augen einzeichnen)*. Ja, er braucht noch einen Mund *(kleinen Strich als Mund unter die Nase zeichnen)*. Er frisst ja Gras, das ist gesund. Bauch und Pfoten *(zweites Oval mit Vorder- und Hinterpfoten zeichnen)*, einen Schwanz *(Schwänzchen dazu zeichnen)*, nun ist unser Häschen ganz. Jetzt kann es ins Gras noch laufen *(Gras zeichnen)* und ein Weilchen hier verschnaufen.

Was können Sie tun, wenn Ihr Kind sehr schweigsam ist?

Wenn Ihr Kind wenig spricht und sehr schweigsam ist, sollten Sie folgenden Fragen nachgehen:

- Hört mein Kind gut? Sprechen Sie mit dem Kinderarzt oder lassen Sie beim Ohrenarzt das Gehör Ihres Kindes überprüfen.
- Kann mein Kind das Gehörte auch verstehen? Wenn Ihr Kind gut hört, Sie dabei jedoch ratlos anschaut und häufig unpassend reagiert, dann könnte ein akustisches Wahrnehmungsproblem vorliegen (siehe Sprachprobleme). Psychologen können dies feststellen und über passende Förderung informieren.

- Ist der Familienalltag zu stressig, sodass zu wenig Zeit für Gespräche bleibt? Wird alles im »Telegrammstil« abgehandelt? Bauen Sie wieder ruhigere »Zeitinseln« ein.
- Fragen Sie zu viel? Manche Eltern drücken ihr Interesse durch Fragen aus. Wenn das Kind nach Hause kommt, fragen sie z. B. zu viel auf einmal: »War es heute im Kindergarten toll? Hast du wieder mit der Jasmin gespielt? Habt ihr ein neues Lied gelernt?« Das Kind hat die erste Frage noch nicht beantwortet, da kommt schon die nächste. Auch in solchen Situationen ziehen sich viele Kinder zurück und erzählen weniger.
- Korrigieren Sie Ihr Kind zu oft? Wird die Aussprache des Kindes oft berichtigt oder werden Äußerungen des Kindes generell als dumm oder falsch bewertet, so wird das Kind vorsichtig und spricht schließlich immer weniger.
- Hat Ihr Kind Kummer oder kommt es mit einem Ereignis nicht zurecht? Wenn Ihr Kind eigentlich gerne erzählt hat und plötzlich oder innerhalb eines kurzen Zeitraumes auffallend wortkarg wird, so kann ihm eine bestimmte Lebenssituation zu schaffen machen, z. B. ein Umzug, die Geburt eines Geschwisterchens, der Verlust eines Freundes oder eines Familienmitglieds, Konflikte der Eltern usw. Dabei kann es sich auch um ein plötzliches Ereignis außerhalb der Familie handeln, wie

z. B. Streit auf dem Spielplatz oder in der Kindertagesstätte. Auch Gewalterlebnisse und sexuelle Übergriffe können zum plötzlichen Verstummen des Kindes führen.
Wenn Sie eine plötzliche Veränderung bei Ihrem Kind wahrnehmen oder sein Verhalten nicht verstehen können, sollten Sie immer eine Beratungsstelle aufsuchen.

Die Pflege der Baumkrone

Das Sprachverständnis

Zur Förderung des Hörens haben Sie im Abschnitt »Wurzeln des Sprachbaums« einiges gelesen. Hier noch einige Anregungen für das Sprachverständnis.

Übungen für die auditive Merkfähigkeit und die auditive Differenzierung

Geben Sie Ihrem Kind kleine Aufträge, die es erfüllen kann, z. B. beim Einkaufen: »Holst du mir bitte einen Liter Milch und dann von dort drüben das runde Brot?« Sie können dies bis zu drei gleichzeitig gestellten Aufgaben steigern. Wenn das Kind alle Aufgaben erledigt hat, loben Sie es, z. B.: »Danke für die Milch und das Brot. Du hast dir beides gut gemerkt.«

Mit dieser beschreibenden Sprache fördern Sie die auditive Wahrnehmung, die Merkfähigkeit, den Wortschatz und das Selbstbewusstsein Ihres Kindes. Auch das Aufräumen des Kinderzimmers eignet sich für diese Übungen.

Vöglein, wie piepst du? Mehrere Kinder sitzen im Kreis. Ein Kind wartet draußen vor der Tür, während ein anderes unter einer Decke versteckt wird. Das wartende Kind darf wieder hereinkommen, geht zur Decke und fragt: » Vöglein, wie piepst du?« Das versteckte Kind sagt »piep«. Das fragende Kind muss nun erraten, welches Kind sich unter der Decke befindet. Rät es falsch, hat es einen zweiten Versuch. Errät es nun die Stimme, darf das versteckte Kind vor die Tür.

Was ist anders? Kinder wollen eine Geschichte immer wieder im selben Wortlaut hören. Sie erkennen sofort, wenn etwas verändert wurde. Als Mutter oder Vater können Sie ab und zu ganz bewusst ein anderes Wort einbauen und Ihr Kind soll herausfinden, was anders ist.

Tauschen Sie beim Bilderbuchlesen die Rollen. Sie betrachten die Bilder und Ihr Kind soll die Geschichte dazu erzählen.

Förderung der Sprachfähigkeit

Mit den folgenden Übungen können Sie den Wortschatz, die Aussprache und die grammatikalischen Fähigkeiten Ihres Kindes fördern.

Übungen zur Erweiterung des Wortschatzes

Nutzen Sie die natürliche Neugierde Ihres Kindes. Die Vorschulzeit ist auch die Zeit der Warum-Fragen. So haben Sie ungezählte Gelegenheiten, Ihrem Kind die Welt zu erklären und seinen Wortschatz zu erweitern.

Wörter suchen: Suchen Sie Wörter mit gleichen Anfangsbuchstaben, z. B. Apfel, Ampel usw. Nach einigen Wörtern wird der Buchstabe gewechselt.

Worte selbst finden lassen: Manche Kinder gewöhnen sich an, auf etwas zu zeigen oder der Mutter etwas zu erzählen und einfach zu sagen »Der da«, »Das da« oder »Du weißt schon« usw. So vermeiden Kinder die entsprechenden Wörter. Tun Sie öfters so, als ob Sie das passende Wort auch nicht kennen würden, und lassen Sie Ihrem Kind Zeit zum Überlegen, bis ihm das Wort selbst einfällt.

Übungen für Aussprache und Grammatik

Dialekt oder **Schriftsprache**: Jede Familie hat ihre Familiensprache. Diese wird durch den Dialekt, der in der Umgebung gesprochen wird, und durch die Sprache der eigenen Herkunftsfamilie beeinflusst. Da eine natürliche und warme Atmosphäre für eine gute Sprachentwicklung sehr wichtig ist, sollten Eltern und Kinder in der Familie ruhig so sprechen, »wie ihnen der Schnabel gewachsen ist«.

Es gibt eine einfache Möglichkeit, das Kind mit der anderen Sprechweise in der Schule vertraut zu machen: Immer, wenn Sie Ihrem Kind ein Bilderbuch oder eine Geschichte vorlesen, wird die Schriftsprache verwendet. So gewöhnt sich Ihr Kind auch an diese Sprache.

Spiel mit Sprachkärtchen: Viele Kinder spielen gerne Memory. Mit diesem Spiel können neben der Merkfähigkeit auch die sprachlichen Fähigkeiten des Kindes gefördert werden.

Die Aussprache der folgenden Wörter macht Kindern oft Mühe: Apfel, Schrank, Flasche, Schraube, Daumen, Treppe, Drachen, Haus, Glocke, Jäger, Blume, Brot, Puppe, Würfel, Tisch, Sonne, Kasper, Schwein, Wäscheklammer, Knopf, Schmetterling, Vogel, Schere,

Schlange, Schnecke, Stuhl, Strumpfhose, Hexe, Spinne, Gras, Wurst, Gabel, Leuchter, Pflaster, Zwerg, Springbrunnen, Kreuz, Reifen, Buch, Frosch, Katze.

Suchen Sie ein Memory, in dem diese Begriffe vorkommen, und achten Sie beim Spielen auf die korrekte Aussprache. Wenn Ihr Kind z. B. zwei Kärtchen umdreht und meint: »Eine Teppe und eine Stumpfhose«, dann wiederholen Sie: »Ja, das ist eine Treppe und auf dem zweiten Kärtchen sehen wir eine Strumpfhose.« Durch diese natürliche Wiederholung fühlt sich Ihr Kind nicht korrigiert, es hört jedoch die richtige Aussprache.

Sie können diese Kärtchen auch selbst herstellen. Nehmen Sie stärkeres Papier und teilen Sie dieses in gleich große Kärtchen ein. Zeichnen Sie die Umrisse der Begriffe auf und kopieren Sie diese auf ein Blatt mit derselben Papierstärke. So sind die Begriffe ganz identisch. Schneiden Sie die Kärtchen aus. Nun suchen Sie mit Ihrem Kind die identischen Bilderpaare. Diese kann es dann selbst anmalen.

Durch das Anschauen, Hören des Wortes, Malen und Sprechen erlebt Ihr Kind eine ganzheitliche Sprachförderung. Sie können selbstverständlich auch andere Symbole unter diese Kärtchen mischen, damit das Sprechen nicht zu schwierig wird.

Doppelwörter oder Wortketten bilden: Mit diesen Kärtchen können auch Doppelwörter oder Wortketten gebildet werden. Die Kärtchen liegen offen auf einem Tablett oder einfach auf einer Seite des Tisches. Die restliche Tischfläche ist die Spielfläche. Wer beginnt, legt ein Kärtchen auf die Spielfläche und der nächste Spieler sucht ein Kärtchen dazu, mit dem man ein Doppelwort bilden kann, z. B. Gras-Schere, oder Gras-Frosch, Zwergen-Tisch usw. Danach legt er ein neues Kärtchen auf die Spielfläche und der nächste Spieler sucht nach dem passenden »Doppelwort«.

Es können natürlich auch Fantasiewörter entstehen, wie z. B. Wurst-Pflaster. Mit etwas Fantasie können lustige Wortketten gebildet werden, die beim Aussprechen oft sehr komisch klingen.

Förderung der Kommunikationsfähigkeit

Auch die kommunikativen Fähigkeiten eines Kindes können spielerisch geübt und gefestigt werden. So lernt ein Kind, seine eigenen Bedürfnisse und Gefühle mitzuteilen. Es übt, zu verhandeln und Auseinandersetzungen auch mit Hilfe der Sprache zu regeln.

Spiele zum Ausdrücken und Wahrnehmen von Befindlichkeiten und Gefühlen

Sie haben Ihrem Kind von klein auf beigebracht, wie Menschen, Tiere und auch Dinge heißen. Ebenso benötigt Ihr Kind Begriffe für Gefühle, damit es diese nicht nur mit der Körpersprache zeigen, sondern auch benennen kann. Sprechen Sie in den unterschiedlichen Alltagssituationen über Ihre Gefühle und Gefühle, die Sie bei anderen wahrnehmen.

Durch Rollenspiele und Beobachtungsspiele können Sie die emotionale Sprachfähigkeit Ihres Kindes ebenfalls fördern.

Gefühlsgesichter: Es gibt ein lustiges Kinderlied, in dem alle Gefühle mit Bewegungen verbunden werden, z. B.: »Wenn ich fröhlich bin, dann klatsche ich« usw. Daraus kann ein Familienspiel werden: Nehmen Sie mehrere Kärtchen und zeichnen Sie jeweils ein »Gefühlsgesicht« darauf. Je zwei Kärtchen mit einem fröhlichen, einem zornigen, einem ängstlichen und einem traurigen Gesicht sollten vorhanden sein. Nun werden die Kärtchen gemischt und als Stapel auf den Tisch gelegt, sodass kein »Gefühlsgesicht« zu sehen ist. Der erste Spieler hebt das erste Kärtchen ab, sieht sich das Gefühlsgesicht an und spielt das Gefühl mittels Pantomime nach. Die anderen müssen das Gefühl erraten. Wer es als Erster errät, darf das nächste Kärtchen nehmen.

Ratespiel in der Straßenbahn: Wenn Sie in ein öffentliches Verkehrsmittel einsteigen, können Sie vorher mit Ihrem Kind ausmachen, nach bestimmten Gesichtsausdrücken Ausschau zu halten, z. B. »Wer entdeckt einen fröhlichen Menschen?« Dieses Entdeckungsspiel kann dann mit »müde«, »nachdenklich« oder Ähnlichem fortgesetzt werden.

Verhandlungsfähigkeit schulen

Ihr Kind wird beim Spielen öfters erfahren, dass seine Freunde eine andere Spielidee haben oder nicht mitspielen möchten. In solchen Situationen muss es verhandeln oder Mitspieler für sich gewinnen können.

Bauplansitzung: Nehmen Sie sich Zeit, um mit Ihrem Kind etwas zu bauen. Dies kann mit einem Material sein, das Ihr Kind gerne hat und das gerade zur Verfügung steht, z. B. Holzbausteine, Lego, Sand oder Naturmaterialien. Ihr Kind darf vorschlagen, was gebaut wird und auch, wie es die Burg, die Raumstation, das Hochhaus usw. haben möchte.

Sie spielen den Baumeister oder Architekten und überlegen immer wieder, ob das Vorhaben auch möglich ist. Formulieren Sie Bedenken, wie z. B. »Ich glaube, für einen so hohen Turm gibt es zu wenig Steine« oder »Ich weiß nicht, wie diese Brücke gut halten soll.« Achten Sie darauf, dass Ihr Kind Änderungsvorschläge einbringt. Wenn es z. B. antwortet: »Dann nehmen wir oben beim Turm diesen Ring (z. B. WC-Papierrolle)«, greifen Sie diese Idee auf: »Ja, so kann es gehen.«

Nehmen Sie Ihrem Kind das Umdenken nicht ab und lassen Sie auch nicht zu, dass es sich sofort schmollend zurückzieht, wenn etwas nicht ganz genau nach seinen Vorstellungen läuft. Sagen Sie bewusst ab und zu: »Das mag ich jetzt nicht!« Achten Sie darauf, ob Ihr Kind sofort nachgibt oder versucht, Sie zu motivieren, z. B. »Mama, denk scharf nach, du schaffst das!« Belohnen Sie Ihr Kind für seine Motivationsversuche, indem Sie immer wieder einen Kompromiss finden.

Ich kann mich beschweren! Kinder schimpfen meist los, wenn ihnen etwas nicht passt. Rasch werden daraus Beschimpfungen. Es ist sehr von Vorteil, wenn Ihr Kind lernt, sich konstruktiv zu beschweren. Dafür muss es beschreiben, was vorgefallen ist, und seine Erwartungen klar äußern können.

Die Maus geht sich beschweren: Bereiten Sie eine Spielzeugmaus und einen Puppenpullover (blau) in einem Papiersäckchen vor und beginnen Sie das Spiel. »Schau, unsere Maus war einkaufen. Sie hat in der Auslage einen roten Pullover gesehen und den hat sie sich gekauft. Komm, schauen wir ihn an.« Sie öffnen den Papiersack und der blaue Pulli kommt zum Vorschein. Sie spielen nun die Maus: »Oje! Ich habe doch genau gesagt, die sollen mir den roten Pulli einpacken. Den blauen mag ich nicht! Was mache ich jetzt?«

Versuchen Sie nun mit Ihrem Kind, der Maus zu helfen. »Ja, das ist nicht in Ordnung«, bestärken Sie die Maus. »Hast du die Rechnung noch? Komm, wir gehen uns beschweren!« Fragen Sie Ihr Kind, ob es der Maus helfen möchte, und geben Sie Ihm dann die Maus in die Hand. Sie können nun die Rolle der Beschwerdestelle übernehmen (z.B. mit Hilfe eines anderen Stofftiers). Gemeinsam mit Ihrem Kind helfen Sie nun der Maus, zu ihrem roten Pulli zu kommen.

Übungen für die Konfliktfähigkeit

Wenn Kinder miteinander spielen, kommt es immer wieder auch zu Streitereien. Streiten ist wichtig, denn Kinder müssen lernen, Konflikte auszutragen.

»Mama, der hat schon wieder …!« Werden Sie von den Kindern zu Auseinandersetzungen hinzugeholt, können Sie meist nicht als Schiedsrichter entscheiden, da Sie die Vorgeschichte nicht miterlebt haben. Bemühen Sie sich daher um die Vermittlerrolle und beachten Sie dabei folgende Schritte:

- Wie sieht jedes beteiligte Kind die Situation?
- Was ist das eigentliche Problem? Benennen Sie dieses Problem.
- Überlegen Sie gemeinsam Lösungen oder schlagen Sie zumindest drei unterschiedliche Lösungen vor, aus denen die Kinder dann wählen können.
- Machen Sie den Kindern Mut, dass ihr Spiel nun gelingen wird.

Problemdetektive: Schauen Sie mit Ihrem Kind diese Zeichnung an und spielen Sie »Problemdetektive«. Sie können dazu auch eine Brillenfassung oder eine Faschingsbrille zur Hand nehmen. Eine Lupe eignet sich ebenfalls als Requisit.

»Auf diesem Bild ist irgendwo ein Problem versteckt. Komm, wir suchen es«, beginnen Sie. »Was machen die beiden denn da?« Vermutlich wird Ihr Kind sofort erkennen, dass die beiden um ein Auto streiten. Nun fragen Sie nach den einzelnen Szenen auf dem Bild, bis Ihr Kind erkannt hat, dass ein Kind mit den Autos bei der Tankstelle spielen will und das andere mit den Autos beim Parkhaus befasst ist. Ihr Kind sollte auch bemerken, dass noch weitere Autos herumliegen.

Hat Ihr Kind alles registriert, setzen Sie die Problemsuche fort: »Warum streiten die denn eigentlich?« Antwortet das Kind: »Beide wollen das Auto haben«, so bestärken Sie Ihr Kind z. B. mit »Ja, die haben ein Problem. Beide wollen dasselbe Auto zum Spielen haben. Du hast das Problem gefunden. Du bist ein aufmerksamer Detektiv.« Antwortet das Kind mit: »Der eine ist eben blöd!« oder »Die wissen nicht, wie man teilt«, dann helfen Sie Ihrem Kind durch weitere Fragen, das eigentliche Problem zu erkennen.

Wie geht die Geschichte aus? (Die Zeichnung von S. 69 kann auch hier verwendet werden.) Ida und Gabriel spielen mit Autos. Ida hat eine Tankstelle gebaut und viele Autos kommen zu ihr, um zu tanken. Sie sucht gerade nach dem nächsten Auto und entdeckt einen kleinen Lastwagen.

Gabriel hat in der Nähe sein Parkhaus aufgestellt und fährt nun ein Auto nach dem anderen zu den Parkplätzen. Dabei stoßen zwei Autos zusammen. Nun benötigt er einen Abschleppwagen. Er möchte dazu denselben kleinen Lastwagen verwenden, den Ida gerade entdeckt hat.

Gabriel versucht, Ida das Auto wegzunehmen. Ida wehrt sich und beginnt zu schreien. »Wie geht die Geschichte weiter?« Ihr Kind darf nun den weiteren Geschichtenverlauf oder den Schluss erfinden.

Sie erzählen die oben beschriebene Geschichte und erklären dann, »dass es nun unterschiedlich weitergehen kann«:

- Die Mutter kommt durch Idas Geschrei ins Zimmer und meint: »Wenn ihr euch nicht einigen könnt, dann nehme ich das Auto mit in die Küche.« Ida und Gabriel müssen sich andere Autos suchen.
- Gabriel lässt Ida das Auto und sucht sich einen noch besseren Abschleppwagen.
- Gabriel fragt Ida, ob sie ihm hilft, einen besseren Abschleppwagen zu suchen, dann kann sie das Lastauto haben.
- Ida schlägt Gabriel vor, dass sie das Auto nur kurz voll tankt. Dann kann es Gabriel haben.
- Gabriel lässt Ida das Auto. Er läuft danach jedoch so knapp an der Tankstelle vorbei, dass diese kaputt geht.
- Ida und Gabriel ziehen sehr fest am Auto. Schließ-

lich ist Gabriel stärker. Dabei fällt er jedoch mit dem Rücken auf sein Parkhaus und alles fällt um.

»Was meinst du«, fragen Sie nun, »wie soll die Geschichte ausgehen?«

Sie können die Geschichte auch mit Spielfiguren nachspielen.

Übungsmöglichkeiten für Gesprächsregeln

Gespräche verlaufen nach bestimmten Regeln. Man spricht in ganzen Sätzen und hört zu, bis der andere ausgeredet hat. Diese Grundregeln lernen Kinder am besten durch das Vorbild ihrer Eltern. Wenn Ihr Kind Mühe damit hat, setzen Sie sich in Ruhe zusammen und erklären Sie Ihrem Kind, was Ihnen wichtig ist.

Gesprächsregeln zeichnen: Schreiben Sie die Regeln auf ein Blatt Papier. Ihr Kind kann zu jeder Regel eine Zeichnung machen. Kinder, die nicht so gerne zeichnen, dürfen die Regeln mit einem Finger- oder Handabdruck versehen. Machen Sie Ihr Kind in den nächsten Tagen immer wieder darauf aufmerksam, wenn es eine Regel eingehalten hat.

Kinder sollten folgende Regeln beherrschen, bevor sie in die Schule kommen:

- Ich grüße, wenn ich den Raum betrete oder Bekannte treffe. Ich verabschiede mich, wenn ich weggehe.
- Ich frage, bevor ich etwas nehme, z. B. »Kannst du mir einen Bleistift borgen?«
- Ich sage »bitte«, wenn ich etwas möchte, z. B. »Kann ich bitte noch ein Brot haben!« und nicht einfach »Noch eins!«
- Ich bedanke mich, wenn ich etwas bekommen habe. Dies muss nicht überschwänglich sein, ein kurzes »Danke« genügt.

Die verkehrten zehn Minuten: Wählen Sie eine Zeit aus, in der Sie für einige Minuten alles verkehrt machen. Z. B. tragen Sie einen Hausschuh am Kopf statt an den Füßen, decken das Besteck links statt rechts oder auf dem Teppich statt auf dem Tisch usw. Sie sagen: »Ich räume den Geschirrspüler ein«, setzen sich stattdessen jedoch vor den Fernseher. Die Kinder dürfen erraten, was Sie alles verkehrt gemacht haben.

Für einige Minuten kann man dieses Spiel auch umdrehen. Wenn Kinder einmal bewusst Dinge »verkehrt« machen dürfen, gelingt das Einhalten der Regeln danach oft leichter. Aber Achtung: Es darf dabei nicht zu gefährlichen Situationen kommen!

Wie man mit Schimpfwörtern umgeht

Meist hört das Kind Schimpfwörter von anderen Kindern und probiert diese aus. Aber auch Kinder ohne entsprechende »Vorbilder« entwickeln eine gewisse Vorliebe für Schimpfwörter. Sie testen, wie die Erwachsenen darauf reagieren.

Zeitweise werden Schimpfwörter benutzt, um Ärger, Wut oder Enttäuschung auszudrücken, z. B. ruft Ines: »Du blöde Gans«, wenn Jana nicht mit ihr spielen will. Oder Schimpfwörter werden eingesetzt, um sich zu wehren. Ebenso werden sie zum Durchsetzen von Wünschen erprobt, z. B. »Wenn du mir das nicht kaufst, bist du eine blöde Mama. Eine blöde Kuh bist du dann!«

Unterstützen Sie Ihr Kind, damit Schimpfwörter nicht zur Gewohnheit werden. Häufig reicht es, das Schimpfwort nicht zu beachten. Übersetzen Sie Schimpfwörter in den passenden Gefühlsausdruck, z. B.: »Ich bin keine blöde Kuh, aber ich merke, dass du dich ärgerst.« Wurde Ihr Kind zu Schimpfwörtern angestiftet, deren Bedeutung es nicht versteht, so erklären Sie ihm diese.

Erfinden Sie gemeinsam mit dem Kind Schimpfwörter und machen Sie ein Spiel daraus.

Schimpfwörterdose: Schreiben Sie die Schimpfwörter auf, die Sie und Ihr Kind in der Familie nicht hören möchten. Sperren Sie diese in eine Schachtel oder Dose. Dabei werden Sie feststellen, dass vom Kind Aussagen als Schimpfwort empfunden werden, wo Sie es nicht vermuten und auch nicht so meinen. Nehmen Sie dies ernst und vermeiden Sie diese Wörter auch im eigenen Sprachgebrauch.

Fazit: Damit sich die sprachlichen Kompetenzen eines Kindes gut entfalten können, bedarf es einer ganzheitlichen Sprachförderung. Weil Kinder in einer entspannten Atmosphäre am besten lernen, sollten Eltern möglichst viel im Alltag mit dem Kind sprechen, ihm zuhören, Gefühle beim Namen nennen, miteinander verhandeln und Streitereien durch Ausdiskutieren lösen. Zusätzlich können Spielangebote gemacht werden.

EXTRA

SPRACHSTÖRUNGEN ERKENNEN

Sprachbeeinträchtigungen und Sprachstörungen können den Schulerfolg des Kindes und sein Leben ganz allgemein beeinträchtigen. Es ist daher sehr wichtig, Sprachentwicklungsverzögerungen oder

Sprachstörungen rechtzeitig zu erkennen, die Ursachen, wie zum Beispiel Schwerhörigkeit, herauszufinden und Fördermöglichkeiten zu nutzen.

Ist mein Kind schwerhörig?

Bei Schwerhörigkeit können Kinder nicht alle Frequenzen hören. Auch die eigene Stimme hört das Kind nur teilweise, wodurch das Sprechenlernen enorm erschwert ist. Folgende Auffälligkeiten sollten Eltern beachten:

- Das Kind reagiert nicht, wenn es aus einem anderen Raum gerufen wird.
- Es beteiligt sich nicht an Gesprächen, wenn es das Gesicht des Gesprächspartners nicht sehen kann.
- Es betrachtet immer aufmerksam die Mundbewegungen, wenn man mit ihm spricht.
- Es mag nicht telefonieren.
- Es spricht deutlich weniger oder undeutlicher als andere Kinder.

Versteht Ihr Kind richtig?

Manche Kinder sind von einer auditiven Wahrnehmungsbeeinträchtigung betroffen. Ihr Gehör funktioniert, das Gehörte wird im Gehirn jedoch nicht richtig verarbeitet und kann dadurch nicht verstanden werden. Diese Kinder wirken beim Zuhören erstaunt, bemüht, aber auch verwirrt. Manchmal entsteht der fälschliche Eindruck, das Kind sei dumm. Auf folgende Auffälligkeiten sollten Eltern achten:

- Das Kind reagiert auffallend oft unpassend auf mündliche Aufforderungen.
- Es sagt freundlich »ja« und macht trotzdem nicht, was ihm aufgetragen wurde.
- Es kann Geschichten nicht nacherzählen oder lehnt sie ab.

Diese Kinder verwenden sehr viel Mühe, um durch genaues Beobachten der Situation zu erraten, was gesagt wurde.

Spricht Ihr Kind verständlich?

Ab vier Jahren, spätestens zum Schulbeginn, sollte Ihr Kind alle Laute und Silben richtig sprechen können. Merkmale für Probleme mit der Aussprache sind:

- Das Kind lässt Laute oder Silben aus, z. B. »Nane« statt »Banane«, »omm« statt »komm«.
- Es bildet Laute anders, z. B. wird beim Lispeln das »S« mit der Zunge zwischen den Zähnen ausgesprochen.
- Es ersetzt einen Laut durch einen anderen, z. B. »grei« statt »drei«.

Wie groß ist der Wortschatz Ihres Kindes?

Ab vier Jahren umfasst der Wortschatz eines Kindes 250 bis 3000 Wörter und ab sechs Jahren werden ca. 5000 Wörter aktiv gebraucht. Bei einem zu kleinen Wortschatz kann sich das Kind nur begrenzt mitteilen. Es versucht, dies durch folgende Verhaltensweisen auszugleichen:

- Das Kind zeigt auf den Gegenstand und sagt »Das da«.
- Es umschreibt den Begriff, um den es geht, z.B. »Tier, das quakt« statt »Frosch«.
- Es sucht sich »Eselsbrücken«.
- Es weicht bestimmten Spielen und Situationen aus.

Spricht Ihr Kind in richtigen Sätzen?

Bei Problemen mit der Grammatik kann das Kind die Wörter im Satz nicht richtig anordnen. Auf folgende Auffälligkeiten sollten Sie achten:

- Sätze werden »verdreht«, z.B. »Puppe ich haben will«.
- Tätigkeitswörter werden falsch geformt oder an der falschen Stelle eingebaut, z.B. »Ich wollen Auto fahren«.
- Der Artikelgebrauch macht Mühe, z.B. »Der Auto da«.
- Die Mehrzahlbildung gelingt oft nicht, z.B. »Da sind Apfel im Korb«.

- Fragen werden vermieden oder falsch formuliert.
- Sätze sind zum Teil unvollständig, z. B. »Auto putt … Papa macht«, statt »Das Auto ist kaputt. Papa soll es reparieren.«

Stottert Ihr Kind?

Zwischen zweieinhalb und fünf Jahren verfügt das Kind über einen großen Wortschatz und möchte viel erzählen. Dabei sind seine Gedanken manchmal schneller als Mund und Zunge. Das kann zu Wiederholungen oder Unterbrechungen im Redefluss führen. Man spricht von »physiologischer Sprechunflüssigkeit«. Bei Aufregung kann es ebenfalls zu dieser Form des Stotterns kommen.

Wenn Eltern geduldig sind und ruhig weitersprechen, legt sich diese entwicklungsbedingte Sprechunflüssigkeit rasch wieder. Hinweise auf eine Redeflussstörung sind jedoch:

- Mindestens dreimalige Wiederholung von Teilen eines Wortes, z. B. »D-d-d-da drüben …«
- Zeichen körperlicher Anspannung beim Sprechen, z. B. verkrampfter Mund, angespannte Schultern, Arme oder Hände.
- Wortdehnungen, die länger als eine Sekunde dauern, z. B. »Mmmmmmmonika«.
- Die beschriebenen Sprachprobleme dauern bereits länger als sechs Monate an.

Was können Sie als Eltern tun?

Wenn Sie bei Ihrem Kind Auffälligkeiten oder Probleme beim Verstehen oder Sprechen wahrnehmen, die bereits sechs Monate andauern, sollten Sie dies mit dem Kinderarzt besprechen. Zum Abklären von Hörproblemen wenden Sie sich am besten an einen Facharzt für Hals-, Nasen- und Ohrenheilkunde. Hier erhalten Sie Adressen von geeigneten Therapeuten.

Auditive Wahrnehmungsprobleme werden von PsychologInnen abgeklärt. LogopädInnen, SprachtherapeutInnen und SprachheilpädagogInnen sind Fachkräfte, die auf die Diagnose und Behandlung von Sprachproblemen und Sprachstörungen spezialisiert sind.

Vorbereitung auf das Arztgespräch

Durch eine gezielte Vorbereitung können Sie Einiges dazu beitragen, dass der Arzt bzw. die Ärztin oder der/die TherapeutIn bereits im Erstgespräch die Situation Ihres Kindes gut einschätzen und mit Ihnen die passende Therapie finden kann.

- Klären Sie bei der Terminvereinbarung, ob Sie mit oder ohne Kind kommen sollen. Oft ist es nicht günstig, in Gegenwart des Kindes über dessen Probleme zu sprechen.
- Nehmen Sie den Mutter-Kind-Pass und evtl. Vorbefunde mit.

- Machen Sie sich Notizen über das Sprechverhalten und über das allgemeine Verhalten Ihres Kindes im Alltag.
- Notieren Sie sich Beobachtungen der Erzieherin oder anderer Personen, bei denen sich das Kind regelmäßig aufhält.

EXTRA

KINDER ZWEISPRACHIG ERZIEHEN

Etwa 50 Prozent aller Menschen wachsen zweisprachig auf. Es ist faszinierend, wie mühelos Kinder bei der natürlichen Zweisprachigkeit beide Sprachen lernen. Haben sie in beiden Sprachen eine hohe sprachliche Kompetenz, so wirkt sich dies generell positiv auf den späteren Schulerfolg und die berufliche Laufbahn aus.

Worauf sollten Eltern bei der zweisprachigen Erziehung achten?

- Ausreichende ganzheitliche und sprachliche Zuwendung.
- Positive Einstellung zur Zweisprachigkeit.
- Funktionale Sprachtrennung.

Funktionale Sprachtrennung

Wenn Kinder zwei Sprachen gleichzeitig lernen, versuchen sie, in beiden Sprachen eine Ordnung zu erkennen. Mit Hilfe der funktionalen Sprachtrennung ist dies besser möglich. Verbinden Sie die jeweilige Sprache mit Personen und bleiben Sie dabei.

Starke und schwache Sprache

Bei der zweisprachigen Erziehung lernt das Kind, beide Sprachen richtig und akzentfrei zu sprechen. Trotzdem wird meist eine Sprache zur stärkeren und die andere zur schwächeren Sprache. Ist die schwache Sprache die Unterrichtssprache, sollten Eltern sich um zusätzliche Förderung bemühen.

- Zeigen Sie Ihrem Kind, dass Sie die Unterrichtssprache schätzen und dass es diese gut lernen wird.
- Wählen Sie einen zweisprachigen Kindergarten oder einen in der Unterrichtssprache.
- Vermitteln Sie Treffen mit Kindern, die die Unterrichtssprache gut beherrschen.
- Geben Sie Ihrem Kind Gelegenheit zu Gesprächen mit Erwachsenen, z. B. beim Einkaufen, bei Besuchen usw.
- Es ist von Vorteil, wenn Sie sich selbst um eine gute Zweisprachigkeit bemühen.

Und Sie? Sprechkultur im Familienalltag

Als Mutter und Vater sind Sie beim Sprechenlernen das wichtigste Vorbild für Ihr Kind. Daher ist es sinnvoll, wenn Sie sich Ihrer eigenen sprachlichen Fähigkeiten bewusst werden und diese eventuell erweitern.

DIE SPRACHLICHEN FÄHIGKEITEN DER ELTERN

So wie bei Kindern die Grundlagen der sprachlichen Kompetenz von Beginn an angelegt sind, verfügen Eltern über die Kompetenzen, ihr Kind bestmöglich zu fördern. Hanusch und Mechthild Papoušek sprechen von der intuitiven elterlichen Kompetenz.

Sie werden sicherlich bemerkt haben, dass sich Ihr eigenes Sprechverhalten mit der Entwicklung Ihres Kindes verändert. Als Ihr Kind noch ein Baby war, sprachen Sie vermutlich in sehr kurzen Sätzen mit ihm. Dabei war Ihre Stimmlage höher als sonst. Sie haben viele Wiederholungen eingebaut und einen fast übertriebenen Gesichtsausdruck dazu gemacht. Dieses Sprachverhalten – auch Ammensprache genannt – ist bei Müttern und Vätern weltweit gleich und bietet dem Baby ein optimales Gegenüber zum Sprechenlernen.

Schrittweise haben Sie den Wortschatz Ihrem Kind gegenüber erweitert. Sie haben immer längere Sätze formuliert und Ihre Ausdrucksweise differenziert.

Solange Ihr Kind im Kleinkindalter war, haben Sie, ohne lange nachzudenken, bevorzugt den so genannten beschreibenden Sprechstil verwendet. Sie sprachen mit Ihrem Kind viel über Dinge, Tätigkeiten, über sich und andere Menschen. Diese natürliche sprachliche Begleitung des Alltags werden Sie sicherlich auch jetzt noch häufig pflegen. Mit diesem alltäglichen und intuitiven Verhalten leisten Sie einen wichtigen Beitrag in der Sprachförderung Ihres Kindes.

Das kleine Kind hat immer wieder auf Dinge gezeigt und später »Was?« gefragt. Mit kurzen verständlichen Antworten, wie z. B. »Ja, da läuft ein Hund«, haben Sie den Wissensdurst Ihres Kindes gestillt. Schließlich hat Ihr Kind (ab etwa drei Jahren) »Warum-Fragen« gestellt. Ganz von selbst werden Sie mit ausführlicheren Erklärungen begonnen haben.

Von Natur aus spüren Eltern jedoch auch in dieser Entwicklungsphase, dass es noch nicht um Unterricht geht. Wenn das Kind fragt: »Warum regnet es?«, will es noch keine Erklärung über den Wasserkreislauf hören. Es möchte einfach wissen, wozu der Regen gut ist. Eltern spüren intuitiv, dass Kinder »Warum?« fragen, aber eigentlich »Wozu?« meinen. Sie antworten daher z. B. mit: »Es regnet, damit die Blumen Wasser bekommen und wachsen können.« Diese kindgerechten Erklärungen werden auch lehrender Sprechstil genannt.

Wenn Sie sich als Mutter oder Vater, aber auch als Großmutter, Großvater oder Erzieherin im Umgang mit dem Kind beobachten, werden Sie feststellen, dass Sie in der Vorschulzeit den beschreibenden und den lehrenden Sprechstil häufig verwenden. Sie werden auch wahrnehmen, dass Sie zeitweise sehr knappe Formulierungen verwenden, z. B. »Mach die Tür zu!«, »Komm schnell!«, »Jetzt nicht!« Auch in längeren Sätzen werden Sie immer wieder diesen so genannten direktiven Sprechstil verwenden. Diese Sprechvariante hilft uns, in kurzer Zeit das Wichtigste zu sagen. Oft erfolgt dies auch in einem gewissen Kommandoton, der deutlichen Aufforderungscharakter hat. So hilfreich dieser Sprechstil bei wichtigen Dingen oder in Zeitnot ist, so nachteilig ist er, wenn er überwiegend eingesetzt wird.

Wie entwickeln sich die elterlichen Fähigkeiten?

Als Mutter oder Vater können Sie darauf vertrauen, dass Sie die Fähigkeiten für hilfreiches elterliches Sprechverhalten besitzen. Es hängt jedoch auch von Ihren eigenen Erfahrungen mit Sprache ab, wie gut sich Ihr elterliches Sprechverhalten entwickeln konnte. Anhand des nachfolgenden Fragebogens können Sie nachsehen, wie Ihre eigene Sprachentwicklung/-förderung aussah.

PRAXISTEST FÜR ELTERN

Wie viel wurde in Ihrer Familie gesprochen?

☐ sehr viel ☐ viel ☐ wenig ☐ sehr wenig

Wer hat Ihnen zugehört?

☐ Eltern und Geschwister

☐ hauptsächlich die Mutter

☐ hauptsächlich der Vater

☐ eine andere Person

Worüber wurde in Ihrer Familie gesprochen?

☐ über alles, worüber man sprechen wollte

☐ hauptsächlich über die Schule und die Arbeit

☐ über andere Menschen

☐ über das, was zu erledigen war

Wem haben Sie am liebsten etwas erzählt?

☐ Mutter

☐ Vater

☐ Geschwistern

☐ andere Personen

In welcher Sprache wurde in Ihrer Familie gesprochen?

☐ Schriftsprache

☐ Dialekt

☐ Schriftsprache und Dialekt

☐ eine andere Sprache als die Landessprache

Welchen Sprechstil haben Sie in der Kindheit hauptsächlich erlebt?

- ☐ **beschreibender Sprechstil**
- ☐ **lehrender Sprechstil**
- ☐ **direktiver Sprechstil**
- ☐ **von allem etwas**

Welche Sätze, Sprüche oder Stichwörter sind Ihnen wichtige Begleiter im Leben geworden?

____

Beim Ausfüllen des Fragebogens haben Sie vermutlich festgestellt, dass Sie hilfreiches Sprechverhalten in Ihrer Kindheit erlebt haben. Manches hat Ihnen sicher gefehlt und eventuell haben Sie z. B. vom direktiven Sprechstil »zu viel abbekommen« oder es wurde Ihnen zu wenig zugehört. Es ist hilfreich, wenn man sich dies bewusst macht. So können Sie Ihr eigenes Sprechverhalten besser verstehen und bewusster mit Sprache umgehen.

Wenn Sie in Ihrem eigenen Sprechverhalten sicherer werden oder es verbessern wollen, können Ihnen folgende Überlegungen helfen:

Sich positive Vorbilder bewusst machen

- Wer war Ihnen ein gutes »Sprachvorbild«?
- Wie sprachen diese Personen mit Ihnen?
- Warum konnten diese Personen gut zuhören?
- Welches hilfreiche Verhalten dieser Personen haben Sie in Ihrem Alltag bereits übernommen?

Selbstbeobachtung und Weiterentwicklung

Kleben Sie ein Blatt Papier an die Kühlschranktüre oder an die Innenseite eines Küchenschranks. Nehmen Sie sich jeden Tag eine Selbstbeobachtungsaufgabe vor und machen Sie immer einen Strich auf das Blatt Papier, wenn Sie das Vorgenommene in die Tat umgesetzt haben.

- Ich nehme mir etwas Zeit, wenn ich bemerke, dass mein Kind mir etwas erzählen will.
- Ich höre dem Bericht meines Kindes aufmerksam zu, gebe jedoch nicht sofort einen eigenen Kommentar dazu ab.
- Ich erzähle meinem Kind in kleinen Portionen von mir: Wie es mir geht, was ich vorhabe usw.
- Aus kurzen Befehlssätzen mache ich längere Beschreibungen, z. B. statt »Zieh dich an!« sage ich: »Wir können auf den Spielplatz gehen. Komm, zieh dir deinen Anorak an und dann geht's los.«

- Wenn mein Kind mich etwas fragt, antworte ich mit kindgerechten Erklärungen.
- Wenn ich die Antwort auf eine Frage nicht weiß, schaue ich mit dem Kind im Kinderlexikon nach.
- Wenn mein Kind Gefühle mit der Körpersprache ausdrückt, versuche ich diese zu verstehen und zu benennen.
- Ich spreche deutlich und bemühe mich um die richtige Grammatik.
- Wenn mein Kind einen Sprechfehler macht, führe ich das Gespräch ganz natürlich weiter und baue das Wort oder die Satzstellung nochmals richtig ein.

Ihr Kind benötigt Sie als Vorbild und hilfreichen Begleiter. Erweitern Sie Ihre eigenen Fähigkeiten und geben Sie sich selbst die wohlverdiente Anerkennung, wenn es Ihnen gelingt.

Fazit: Eltern und Erziehungspersonen verwenden die beschreibende, lehrende und direktive Sprache im Zusammenleben mit Kindern. Sie passen Ihr Sprechverhalten meist ganz von selbst der Entwicklung des Kindes an und fördern so seine sprachlichen Fähigkeiten.

Das Sprechverhalten der Eltern wird durch Vorbilder aus der eigenen Kindheit beeinflusst. Daher ist es sinnvoll, wenn Mütter und Väter ihr aktuelles Sprechverhalten reflektieren, sich ihrer Fähigkeiten bewusst werden und diese gezielt erweitern. Auch Eltern lernen nie aus!

ANHANG

Literatur

Steve Biddulph: Jungen! Wie sie glücklich heranwachsen, Beust Verlag, München 1998

Walburga Brügge, Katharina Mohs, Erwin Richter: So lernen Kinder sprechen, Ernst Reinhardt Verlag, München, Basel 2005

Heidrun Bründel: Wann ist mein Kind schulfähig? Ein praktischer Leitfaden für Erzieherinnen, Herder Verlag, Freiburg 2001

Lind Clark, Catherine Ireland: Sprechen lernen – Lernen durch sprechen, Beust Verlag, München 1995

Adele Faber, Elaine Mazlish: Nun hör doch mal zu, Knaur, München 1989

Adele Faber, Elaine Mazlish: Hilfe, meine Kinder streiten, Knaur, München 1988

Renate Ferrari: Damit der Schulstart gut gelingt, Christophorus mobile, Freiburg 2000

Daniel Goleman: Emotionale Intelligenz, Deutscher Taschenbuch Verlag München 1995

Bernd Kielhöfer, Sylvie Jonekeit: Zweisprachige Kindererziehung, Stauffenburg Verlag, Tübingen 2004

Christine Kügerl: Selbstbewusst und rücksichtsvoll, Verlag Herder, Freiburg, 2. Aufl. 2006

Remo H. Largo: Babyjahre, Piper Verlag, München 1993
Remo H. Largo: Kinderjahre, Piper Verlag, München 1999
Charlotte Niederle: Methoden des Kindergartens, Landesverlag Druckservice, Linz 1997
Annette Ostermann: Lernvoraussetzungen von Schulanfängern, Persen Verlag, Horneburg 2004
Wilhelm Rotthaus: Wozu erziehen?, Carl-Auer-Systeme Verlag, Heidelberg 2000
Angelika Schindler: Störungen des Spracherwerbs, Deutsche Gesellschaft für Sprachheilpädagogik, 1998
Wolfgang Wendlandt: Sprachstörungen im Kindesalter, Thieme Verlag, Stuttgart 2000
Marcel R. Zentner: Die Wiederentdeckung des Temperaments, Paderborn 1993
Renate Zimmer: Handbuch der Sinneswahrnehmung, Verlag Herder Freiburg, 3. überarb. u. erw. Neuausgabe 2005

Adressen

Bei Sprachproblemen erfahren Sie von Ihrem Kinderarzt, der Sonderpädagogin, dem Gesundheitsamt oder einer Beratungsstelle die Adresse von hilfreichen Fachkräften.

Deutscher Berufsverband für Logopädie e.V.
Augustinusstr. 11 a
50226 Frechen
Tel. 02234/691153

Deutsche Gesellschaft für Sprachheilpädagogik
Goldammerstr. 34
12351 Berlin

Deutscher Bundesverband der akademischen Sprachtherapeuten
Goethestr. 16
47441 Moers
Tel. 02841/988919

Österreichische Gesellschaft für Sprachheilpädagogik
Landstraßer Hauptstraße 146
A 1030 Wien
Tel. 0043/1/7185213

Verband der Diplomierten Logopäden für Wien
Sperrgasse 8–10
A 1150 Wien
Tel. 0043/1/8929380

Schweizerische Arbeitsgemeinschaft für
Logopädie
Feldeggstrasse 69
CH 8008 Zürich
Tel. 0041/1/3882690

www.sprachheilpaedagogik.de
www.auditive-wahrnehmung.de
www.sprachheilpaedagogik.at
www.zentrumhoeren.at
www.sprachbaum.at
www.hoeren.ksn.at

Fit für die Schule

Klaus Utz
So wird mein Kind selbstsicher
Mit Praxistest
Band 5711
„Du schaffst das!" – Alles, was Eltern wissen müssen, damit ihr Kind Selbstvertrauen und Selbstsicherheit entwickelt. Informationen, Tests und praktische Tipps.

Uta Reimann-Höhn
So lernt mein Kind sich konzentrieren
Mit Praxistest
Band 5720
Konzentration ist die Grundlage für alles, was ein Kind lernt. Informationen und praktische Tipps zur Konzentrationsförderung und Entspannung sowie für den sinnvollen und kontrollierten Medienkonsum.

Frauke Meinders-Lücking / Susanne Loy
Wie schulfähig ist mein Kind?
Mit Praxistest
Band 5721
„Schulfähig" – was heißt das? Ein genauer Blick auf die Schulvoraussetzungen und Hilfestellungen, um die individuellen Fähigkeiten des eigenen Kindes einzuschätzen, helfen Eltern, die richtige Entscheidung zu treffen.